道路绿色低碳发展技术丛书

山区宕渣填料高填方路堤快速建造与沉降控制关键技术

刘军勇　黄亚飞　张留俊　田敏哲　编著

人民交通出版社

北京

内 容 提 要

本书以"山区高等级公路高填路基快速施工与沉降控制技术研究"项目研究成果为基础，系统介绍了山区宕渣填料高填方路堤修筑涉及的宕渣填料工程特性、超大体量填方快速施工技术、高填方沉降监测与预测等方面的理论与实践。本书不仅为宕渣填料高填方路堤的施工、监测提供了技术基础，也为相关技术规范的编制提供了科学依据。

本书可作为公路工程及相关专业的科研、设计、施工与建设管理技术人员的参考书，也可供高等院校相关专业师生学习参考。

图书在版编目(CIP)数据

山区宕渣填料高填方路堤快速建造与沉降控制关键技术 / 刘军勇等编著. — 北京：人民交通出版社股份有限公司，2025.3

ISBN 978-7-114-19520-4

Ⅰ.①山… Ⅱ.①刘… Ⅲ.①山区—公路—路堤—道路工程②山区—公路—路堤—沉降(土建) Ⅳ.①U416.1

中国国家版本馆 CIP 数据核字(2024)第 087176 号

Shanqu Dangzha Tianliao Gaotianfang Ludi Kuaisu Jianzao yu Chenjiang Kongzhi Guanjian Jishu

书　　　名：	山区宕渣填料高填方路堤快速建造与沉降控制关键技术
著 作 者：	刘军勇　黄亚飞　张留俊　田敏哲
责任编辑：	潘艳霞
责任校对：	赵媛媛
责任印制：	刘高彤
出版发行：	人民交通出版社
地　　　址：	(100011)北京市朝阳区安定门外外馆斜街 3 号
网　　　址：	http://www.ccpcl.com.cn
销售电话：	(010)85285857
总 经 销：	人民交通出版社发行部
经　　　销：	各地新华书店
印　　　刷：	北京市密东印刷有限公司
开　　　本：	787×1092　1/16
印　　　张：	9.5
字　　　数：	168 千
版　　　次：	2025 年 3 月　第 1 版
印　　　次：	2025 年 3 月　第 1 次印刷
书　　　号：	ISBN 978-7-114-19520-4
定　　　价：	90.00 元

(有印刷、装订质量问题的图书，由本社负责调换)

作者简介
AUTHOR INTRODUCTION

刘军勇,男,1979年11月出生,中共党员,博士,正高级工程师,陕西省中青年科技创新领军人才,陕西省工人发明家,中国交通建设集团有限公司智库一级专家,一级建造师(公路)、注册咨询工程师(投资)、注册安全工程师、检测工程师,现就职于中交第一公路勘察设计研究院有限公司,任道路工程与防灾减灾技术研发中心主任,同济大学企业导师、长安大学校外博导、西北农林科技大学校外研究生指导教师。长期从事道路工程防灾减灾科研、设计与咨询工作,具有深厚的理论基础和丰富的实践经验,先后获得陕西省科学技术奖3项、中国公路学会科学技术奖6项、中国交建科学技术进步奖3项等;出版专著《强盐渍土地区公路路基修筑关键技术》、发表期刊论文50余篇(8篇EI,1篇SCI);授权第一完成人专利11项,其中发明专利6项;参编《公路路基设计手册》、交通运输行业标准《黄土地区公路路基设计与施工技术规范》(JTG/T D31-05—2017)和《盐渍土地区公路路基设计与施工技术细则》(JTG/T 3331-08—2022)、中国国际科技促进会标准《高大边坡稳定安全智能监测预警技术规范》(T/CI 178—2023)、中国工程建设标准化协会标准《公路深路堑高路堤及特殊路基监测技术规程》(T/CECS G:J22-01—2023)等。

前 言
PREFACE

基于公路线形、造价、地形等多方面的限制,高填方路堤是山区高等级公路建设中常见的路基结构形式。山区高填方路堤一般采用隧道、路堑开挖产生的宕渣填筑,由于路堤较高、路基较宽,填方量可达数十万立方米甚至超百万立方米,传统施工工艺填筑速度较慢,耗时较长,致使高填方路堤成为影响工程施工进度的控制性工程,直接影响项目的总体工期。此外,由于宕渣填料具有多变性、不均匀性,压实质量难以控制,加之山区地形复杂,进而导致以宕渣为填料修筑的路堤常出现较大的不均匀沉降,引起路面结构的过早破坏,影响行车舒适性。

目前,国内外已有的研究成果主要集中于宕渣工程性质、施工质量控制标准等方面,在宕渣填料高填方路堤快速施工与沉降控制技术方面的研究较少。高填方路堤采用的主要施工方法是分层碾压,厚度 40~60cm,每填筑 4~6m 采用强夯补强一次,或每填 2m 冲击碾压一次,这样虽然可以保证路堤施工质量,但是却难以满足工期要求。

针对山区宕渣填料高填方路堤施工周期长、工后沉降大的难题,作者结合多年的工程实践,对山区宕渣填料高填方路堤快速施工与沉降控制技术开展系统研究,研究内容包括宕渣填料的工程特性、超大体量填方快速施工技术、高填方路堤沉降监测与预测等方面,研究成果已在秦巴山区某公路项目得到应用,解决了超大体量高填方路堤施工难题,有效加快了施工进度,同时也保证了填筑质量,具有显著的社会和经济效益。作者在研究与实践成果的基础上编写了此书,期望为相关技术的进步起到一定的推动作用。

本书在编写过程中,参阅了国内外大量文献资料,谨向这些文献资料的作者表示衷心的感谢！在研究过程中，作者课题组其他成员尹利华、谭德柱、邹伟、李炜、杨壮等做了大量的工作，在此一并向他们表示诚挚的谢意。

由于作者水平有限，书中难免存在疏漏或不妥之处，敬请有关专家和学者批评指正。

作 者
2024 年 6 月于西安

目录
CONTENTS

1 绪论 ········· 001

1.1 我国山区公路建设现状 ········· 002
1.2 固体废物利用现状 ········· 002
1.3 山区宕渣填料高填方路堤建设存在的问题 ········· 004
1.4 秦巴山区某公路项目工程概况 ········· 010

2 宕渣填料的路用性能研究 ········· 013

2.1 宕渣填料的基本物理性质 ········· 014
2.2 宕渣填料的 CBR 强度特性 ········· 022
2.3 宕渣填料的无侧限抗压强度 ········· 026
2.4 宕渣填料的压缩特性 ········· 027
2.5 宕渣填料抗剪强度特性 ········· 041
2.6 本章小结 ········· 051

3 山区陡坡高填方路堤稳定性控制措施研究 ········· 053

3.1 宕渣高填方路堤变形影响因素分析 ········· 054
3.2 宕渣高填方路堤稳定性影响因素分析 ········· 072
3.3 陡坡高填方路堤沉降与稳定性控制案例分析 ········· 078
3.4 本章小结 ········· 087

4 宕渣高填方路堤快速填筑成型技术研究 089

4.1 宕渣填料路堤强夯有效加固范围研究 090
4.2 宕渣高填方路堤强夯加固效果试验研究 107
4.3 宕渣路堤强夯快速施工质量控制 114
4.4 强夯快速成型高路堤沉降控制效果监测 119
4.5 本章小结 122

5 公路高填方路堤稳定性监测技术 123

5.1 公路高填方路堤监测等级划分 125
5.2 公路高填方路堤监测方案 127
5.3 路基稳定性评估 131
5.4 基于 t 分布变异粒子群神经网络的路基沉降预测模型 133
5.5 本章小结 140

参考文献 142

1

CHAPTER 1

绪论

1.1 我国山区公路建设现状

新中国成立 70 多年来,我国公路交通总体经历了从"瓶颈制约"到"初步缓解",到"基本适应"再到"蓬勃发展"的发展历程,取得了历史性的成就。截至 2023 年底,我国公路里程达到 543.68 万 km,其中高速公路里程 18.36 万 km,路网规模稳居世界第一。国省干线公路连接了全国县级及以上行政区,干支衔接、四通八达的公路网已经形成。我国公路发展后来居上,有力支撑了国民经济持续快速发展,是可持续发展的生动实践。

我国是一个多山的国家,山地面积占全国陆地面积的三分之一。如果把山地、丘陵和高原等地形起伏的地区统称为山区,那么,我国山区面积占到全国陆地面积的三分之二。山区公路,是指位于山岭地区、路线迂回曲折、纵坡度较大、特殊构筑物较多的公路。山区公路按路线所行经的地带可分为沿河(溪)线公路、山腰线公路、山脊线公路和越岭线公路,其路基多高填、深挖,特殊困难地点以隧道或高架桥穿越。山区公路易发生滑坡、坍方等,修建费和养护费较高。我国中西部社会经济的发展,对公路交通建设提出了更多的要求,为满足中西部山区及丘陵地区经济社会发展和交通运输需要,高等级公路建设逐渐向山区延伸,基于公路线形设计指标、造价等多方面的要求,山区高等级公路建设中高填深挖路基成为重要的路基结构形式。

山区及丘陵地区,山谷相间,地势起伏较大,出于对经济效益和环境保护的考虑,遵循因地制宜、就地取材的原则,多采用"挖山填沟"的方式修筑高等级公路,以深挖路堑和隧道施工产生的宕渣作为填料进行路堤填筑。

由于山区地形起伏变化较大,填方高度可达数十米,填方量可达数十万立方米甚至超过百万立方米。如四川省成南高速公路路堤最大填高 33m、贵州省毕威高速公路五标段路堤最大填高 39.8m、重庆市涪丰石高速公路路堤最大填高 48.83m、甘肃省兰海高速公路路堤最大填高达 66.36m 等。由于填方量巨大,高填方路堤的施工成为公路建设中的控制性工程,直接影响项目的总体进度和工程质量。

1.2 固体废物利用现状

固体废物(以下简称"固废")的产生是人类活动带来的无可避免的后果,若缺乏适当处理,会对人类和生态环境造成难以估计的巨大负面影响。按照来源,可以将固废分为以下几类:城市固废(主要成分为有机物、塑料、玻璃、废纸、餐厨垃圾等)、工业固废(粉煤灰、炉渣、废石膏等)、农业固废(秸秆、果皮、落叶等)、采矿固废(尾矿、矿渣、油泥等)、工程固废(建筑垃圾、路面铣刨料、渣土等)等。

我国是世界上资源消耗大国,也是固废产生大国,面临着自然资源的日益短缺和固废环境污染的双重压力。我国现有固废产生强度高,利用不充分,既污染了环境,又浪费了资源,与人们日益增长的优美生态环境需要存在较大差距。因此,固废资源化和高值化利用,是解决我国资源困境与实现我国经济社会可持续发展的必由之路。

随着我国经济的飞速发展与生产水平不断进步,固废呈现出量大、种类繁多、组分复杂、处理困难等新特点,来自产废企业、运输企业、利用处置单位及地方生态环境等各部门的固废管理压力十分明显,尤其是在大宗固废方面。工业固废、建筑固废在交通领域资源化利用不仅可以有效减少砂石、水泥等原料的开采、加工和消耗,同时可以减轻对生态环境的影响,节约工程建设和固废处置成本,降低碳排放,有效提高资源节约集约利用水平。目前,我国东、南区域省(自治区、直辖市)大宗固废综合利用率相对较高,中、西、北部多数地区的大宗固废综合利用率较低。

党的十八大以来,我国把资源综合利用纳入生态文明建设总体布局,不断完善法规政策、强化科技支撑、健全标准规范,推动资源综合利用产业发展壮大,各项工作取得积极进展。2019年,我国大宗固废综合利用率达到55%,比2015年提高5个百分点;其中,煤矸石、粉煤灰、工业副产石膏、秸秆的综合利用率分别达到70%、78%、70%、86%。"十三五"期间,累计综合利用各类大宗固废约130亿t,减少占用土地超过666.67 km^2,提供了大量资源综合利用产品,促进了煤炭、化工、电力、钢铁、建材等行业高质量发展,资源环境和经济效益显著,对缓解我国部分原材料紧缺、改善生态环境质量发挥了重要作用。

"十四五"时期,我国将开启全面建设社会主义现代化国家新征程,围绕推动高质量发展主题,全面提高资源利用效率的任务更加迫切。受资源禀赋、能源结构、发展阶段等因素影响,未来我国大宗固废仍将面临产生强度高、利用不充分、综合利用产品附加值低的严峻挑战。目前,大宗固废累计堆存量约600亿t,年新增堆存量近30亿t,其中,赤泥、磷石膏、钢渣等固废利用率仍较低,占用大量土地资源,存在较大的生态环境安全隐患。

近年来,国家经济及物质文化水平的提高,对我国交通运输提出了更高、更明确要求。国家先后印发《交通强国建设纲要》和《国家综合立体交通网规划纲要》,明确提出:要准确把握新发展阶段要求和资源禀赋气候特征,加强资源节约集约利用,探索中国特色交通运输现代化发展模式和路径。促进交通运输绿色发展节约集约、低碳环保,加强老旧设施更新利用,推广施工材料、废旧材料再生和综合利用,提高资源再利用和循环利用水平,推进交通资源循环利用产业发展。构建便捷顺畅、经济高效、绿色集约、智能先进、安全可靠的现代化高质量国家综合立体交通网,加快建设交通强国,为全面建设社会主义现代化国家当好先行。

传统的道路建筑原料一般为砂石料、水泥等,受全产业低碳发展和自然资源保护的影响,这些材料面临着价格攀升和生态破坏的双重压力。因此,解决大宗固废综合利用问题,将固废作为筑路材料规模化利用不失为一种双赢的解决途径。

1.3 山区宕渣填料高填方路堤建设存在的问题

宕渣是石方开挖产生的碎石,是一种土石混合物。现行规范一般将填料中粒径大于40mm 的、质量小于总质量30%的路基称为土质路基,质量超过总质量70%的石料填筑的路基称为填石路基,石料质量占总质量30%~70%的宕渣填料修筑的路基称为土石路基。而高填方路堤是指路基填土边坡高度大于20m 的路堤(图1.1)。

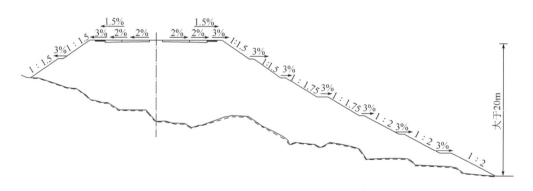

图1.1 高填方路堤示意图

宕渣被广泛地运用于公路路基填筑,具有抗剪强度高、稳定性好、承载力高、透水性强、抗冲刷能力好以及可就地取材等优点,宕渣路基在施工质量合格的情况下,路基总沉降相对于土质路基要小,并且工后沉降占路基总沉降的比例一般小于30%。宕渣填料透水性较好,降雨天气对路基施工影响较小,且雨水有利于加快路基沉降,对减少工后沉降具有促进作用。在合适的施工机械的配合下,宕渣填料的摊铺厚度可以达到80cm。

但因为宕渣物质组成复杂、颗粒粒径变化大,碎石含量及尺寸特征均不尽相同,填料含水率极不均匀且较难压实,在实际工程中,会使得路堤施工困难,施工质量得不到可靠的保证,进而导致修筑的宕渣填料路堤出现大量的工后沉降和不均匀沉降,引起路面结构的过早破坏,影响公路运输及公路使用效率的发挥。同时,山区地形复杂,地基条件多样,对宕渣填料高填方路堤的稳定性也造成极大威胁。如果在填筑过程中路堤压实质量差,可能会造成宕渣填料高填方路堤在施工期间发生路堤边坡滑坡、垮塌等问题;在路堤填筑后,工后沉降难以控制,工后沉降量大,沉降稳定时间长;在运营期间,路堤发生较大的不均匀沉降,造成路面产生明显起伏,影响路面的寿命和行车体验。

由于山区路堤填方高度较高,填方量一般可达数十万立方米甚至超过百万立方米,传统施工工艺填筑速度较慢,耗时较长,致使高填方路堤成为公路建设的控制性工程,直接影响项目的总体进度。因此,如何在保证路堤填筑质量的情况下加快路堤填筑速率、缩短工期,是山区高填方路堤施工亟待解决的一个迫切问题。

1.3.1 山区宕渣填料路用性能及压实特性

宕渣作为一种特殊的土体材料,其工程力学特性的变化比较大,而各因素对其工程力学性质影响的程度又有所差别。宕渣的压实特性受多种因素影响,其本身性质极不均匀,压实特性必然存在差异,但在合理的含石量与含水率条件下,通过采用振动压实方法容易得到压实密度大、强度高的宕渣,其作为高等级公路的路堤填料,是一种很好的材料。

考虑到路基挖方废渣、隧道废渣的处理问题,从经济环保的角度出发,把宕渣作为路堤填料越来越多地成为道路施工的首选。国内外众多学者从不同的角度对宕渣填料以及相似的岩土材料进行了现场或室内试验研究,常用的现场试验主要包括原位直剪、水平推剪和模型试验等,室内试验研究主要包括三轴剪切、直剪和模型试验以及宕渣的压实度试验等。

但是,关于宕渣分类目前没有明确的规范。对于混合料中的颗粒,一般以5mm粒径作为划分标准,粒径大于5mm的看作"石",粒径小于5mm的看作"土",而宕渣中粗颗粒的含量对混合料整体工程性质影响较大,有必要进一步研究。

在实际工程中,宕渣填料路堤一般通过现场试验段施工来确定施工工艺及质量控制指标,根据路堤施工的特点,不同路段宕渣的级配可能相差较多,这种差别极大地影响了路堤的施工质量。

1.3.2 山区高填方路堤快速施工工艺和控制参数

在路堤填方工程的施工中,采用机械夯、振动夯和拖拉机、平碾、气胎碾、凸块碾、振动凸块碾、振动平碾、重型振动平碾等碾压机械碾压和人工夯实方法。但由于人工夯劳动强度高,除早期施工和某些小型的填方工程中仍有应用以外,一般不再采用,目前填方工程施工中多采用机械压实方法。

上述压实方法和设备,其压实机理可归结为静压、冲击和振动三类。土体在静压、冲击或振动产生的快速连续冲击等外力作用下,内部应力发生变化,失去原有的平衡状态,颗粒之间克服摩擦阻力,彼此移动,互相填充,出现新的排列,孔隙减小,密度增大。压实试验证明,在静压、冲击或振动产生的快速连续冲击等外力的作用下,土体中压应力和剪切应力的大小,决定着压实机械下面不同深度粗粒土的压实程度。在宕渣填料路堤的压实施工中,由于静压的方式施工慢、效果差,一般不采用静压类型的路堤压实方法。当前,宕渣填料路堤施工中以冲击和振动的施工方式居多。

成南、成安高速公路工后沉降监测分析表明,采用一定比例的土石混合料填筑路堤,利用分层强夯再压实技术填筑能有效提高路堤的压实度,减少路堤工后沉降,而且土石混合料中粗集料的工程性质越好,工后沉降越小。并且发现,工后第一年路堤沉降速率最快、沉降量较大,约占后期工后沉降总量的50%以上。

对重庆境内江合路龙井沟高填方工程进行了高填方路堤的快速施工技术研究,该工程路堤最高填高38m。施工工艺采用分层强夯,振动压实处理夯坑。首先,松铺3～4m,采用2000kJ能级点夯一遍,按等边三角形布置夯点,夯点间距3.5m;然后,用1000kJ夯击能,间距1.5m呈梅花状布点满夯一遍。表面夯坑填平后,利用振动压路机进行压实,压实度监测合格后,进行下一层压实。项目研究发现,利用强夯结合碾压的方法可以有效控制路堤沉降,土石混填路堤的工后沉降只占总沉降的10%～30%。对西汉高速公路项目沿线的石渣的压实特性进行研究,通过后期监测发现,石渣的工后沉降量与石渣中块石的强度有关。常吉高速公路某段红砂岩高路堤研究了强夯法对路堤的补强效果,发现利用强夯法对路堤进行补强的效果显著,并且对强夯的作用机理和作用深度进行了研究。

重庆涪丰石高速公路石院子高填方路堤最大填高高度为48.84m。从路堤底部向上逐层碾压填筑,填筑达到每级边坡(即累计分层碾压高度达 8m)后,进行强夯加固处理。分层碾压填筑松铺层厚为 60cm,强夯加固处理时,单击能为 3000kJ。强夯方案为:夯点按等边三角形布置,间距 3.5m,进行 3 遍强夯后,再普夯一次;单击能为 3000kJ。

承德某高填方土石路堤,其施工工艺采用分层填筑碾压,强夯加固。每层摊铺厚度为 80cm,采用 21t 光轮压路机进行碾压,摊铺 5 层(4m)后进行强夯加固。强夯分 2 次夯击,夯点间距 6m,第一遍用 2000kJ 能量夯击,每点夯击 10 次,第二遍采用 1600kJ 夯击能,每点夯击 8 次。

根据国内外研究,对宕渣的压实施工有以下总结:宕渣压实的施工和质量主要受宕渣的类型、级配、含水率、碾压机械、铺土厚度、碾压遍数、下卧层强度、平整度等因素的影响;强夯法一般不单独用于宕渣填料路堤的施工,而是作为路堤的补强手段和振动压实配合使用。用强夯法对路堤进行补强时,夯击能一般小于 4000kJ,摊铺厚度不大于 4m。由于宕渣的空隙较多,超静孔隙水压消散较快,可以进行强夯的连续施工,同时利用强夯法,可以减少路堤的工后沉降,加快路堤的稳定。

但由于宕渣填料路堤的填料粒径变化较大,根据现有的研究可以看出,现有的宕渣填料路堤的施工一般为先用振动压路机进行分层碾压,每层的摊铺厚度一般不大于 80cm,并且最佳的摊铺厚度在 40~60cm 之间,每层压实度达到要求后,进行下一层施工。然后根据需要,完成一定高度的路堤施工后利用强夯法进行路堤补强,以起到减小工后沉降的作用。虽然利用上述施工步骤进行宕渣填料路堤的施工可以做到控制路堤沉降,保证路堤施工质量,但是这种方法施工速度慢,需要的人力和机械较多,路堤压实度的检测烦琐。而在山区及丘陵地区,大多采用"挖山填沟"的方式修筑路堤,且部分路堤填筑高度大、填方量多,为了能有够安全、有效、经济地完成路堤建设,有必要研究宕渣填料高路堤的快速施工技术。

宕渣中粗颗粒粒径变化较大,填料中可能存在超大粒径的块石(粒径超过 100cm)。这种粒径的块石远超过规范要求。但是由于施工条件的限制和施工速度的要求,可能对超大粒径块石无法进行有效的破碎处理。对于存在超大粒径块石的宕渣压实,现有的研究和规范都没有给出具体的施工建议和要求。而超大粒径块石的存在又可能会对路堤的压实产生极大的影响。如何对含超大粒径块石的路堤进行施工是需要解决的重要问题。

1.3.3　山区高填方路堤快速施工沉降及位移控制

路基的稳定与沉降一直是公路设计、科研人员面临的一项重点研究内容。近年来,宕渣填料高填方路堤稳定问题成为山区高等级公路建设的瓶颈,表现为路堤的沉降现象。国内外主要从沉降治理措施、结构形式、沉降计算和预估方法方面研究路堤稳定问题。

高填方路堤的沉降由地基和填筑体压缩沉降组成。《建筑地基基础设计规范》(GB 50007—2011)用分层总和法计算地基沉降,计算结果乘以一个与压缩模量有关的经验系数。吕培印用时间序列分析方法对建筑物的地基沉降进行了预测。

目前,利用实测沉降量进行预测的方法主要包括经验公式法、三点法、指数曲线法、灰色系统法和神经网络法等,每种沉降预测方法都有各自的优点和局限性,因此,研究人员为了增强预测方法的适用性,在这些预测方法的基础上进行了改进,如利用二次规划算法改进三点法、修正双曲线法、修正指数曲线法等。此外,为了集合单一预测模型的优点,组合预测方法应运而生,如郭亚宇等在单项预测模型的基础上提出了路基沉降变权重组合预测方法;马保卿等根据地面沉降机理与曲线特征,提出了使用线性回归和灰色模型的组合模型对沉降数据进行预测;陈威针对三点法和灰色模型在沉降预测中的优势,提出了误差平方和最小的三点法-灰色组合模型的预测方法;龙四春等利用平移反幂法特征值求权方法,提出了 Logistic-Richardsg 组合预测模型,并将该模型应用于地铁施工期间的沉降预测中。

影响高填方路堤沉降的因素很多,单一的沉降预测公式难以准确地对沉降量的大小进行预测,而组合预测模型正是将单一模型的优点进行优势整合的一种新的预测方法。从应用方面看,多种理论方法的有机结合是路堤沉降预测的发展方向。因此,如何选择适当的组合预测模型、利用现场监测和数值模拟,使预测的精度和可靠性得以提高,对沉降位移的控制起到指导作用,将是研究的核心目标。

1.3.4 高填方路堤沉降监测理论

随着社会的不断进步和物质文明的极大提高,高等级公路里程不断增加;铁路建设飞速发展,特别是高速铁路建设发展迅速。路基沉降是道路和铁路安全性的重要技术指标之一。另外,高层及超高层建(构)筑物越来越多,沉降也是高层建(构)筑物安全性的一项重要技术指标,直接关系建(构)筑物的正常使用年限和安全。沉降监测一直倍受人们的重视,《建筑变形测量规范》(JGJ 8—2016)提出了沉降监测基本要求,如观测点、观测时间和观测精度等。

《软土地基路基监控标准》(GB/T 51275—2017)和《公路软土地基路堤设计与施工

技术细则》（JTG/T D31-02—2013）规定了路基在施工过程中每天监测的次数和精度等，根据监测的沉降量控制填土的速率和高度。当前，监测路基沉降的方法多采用传统方法——沉降板法。现有沉降板的形式有接杆式、套筒式、水杯式等。接杆式沉降板由沉降板、水准点和水准仪三部分组成。沉降板由沉降底板、沉降杆、保护套管和套管帽等部件组成。随着填土的增高，测杆和套管相应接高，接高后的测杆顶面应略高于套管上口，套管上口应加盖封住管口，避免填料落入管内而影响测杆下沉自由度。该法的缺点是容易受施工机械的干扰而导致观测失败。套筒式沉降板由中心固定杆、沉降底板、连接套管等部件组成。观测之前，先采用钻机把中心固定杆埋入软土层之下，深入持力层3~5m，然后把中心带孔的沉降底板套进中心固定杆。在填土过程中分别接长中心固定杆和连接套管，量取二者之差即为沉降量。该法省去了水准仪观测这一步骤，这是一大优点，但该法仅对浅层软土适用，软土层稍深时，钻探工作量很大，存在接杆工艺复杂和施工机械的干扰问题。水杯式沉降板又称液面沉降仪，工程上常称沉降杯，它是利用连通器原理进行沉降观测，包括储水室、排水室、进水孔、排水孔和排气孔，以及观测杯、进水管、排水管和排气管。由于其组成部件较多，埋设和观测都比较复杂。利用沉降杯进行沉降观测时，随着出水管长度的增加，管壁的阻力也会增大，当达到一定长度时出水管就会出水不畅，造成外杯的水进入气管，从而影响观测的精度。目前采用的改进方法是根据出水管的长度适当加大其管径，但实际操作起来并不方便。

随着电子技术和测量技术不断地发展，出现了更为精确的沉降测量技术，如剖面沉降仪法。它是一种精密的测量仪器，可连续测量和读取结构物下部的地表沉降量，不影响路基的施工。但该仪器监测量程有限，不适用于变形量大的路基沉降监测。

在高填方路堤监测方面，近年来自动化监测、三维激光扫描技术、分布式光纤应变传感技术已在边坡监测工程中得到成功应用。此外，还有基于地理信息系统（Geographic Information System，GIS）大数据、近景摄影测量、雷达监测等技术应用于高填方路堤监测。目前国内工程建设领域的相关监测规范主要有《建筑基坑工程监测技术标准》（GB 50497—2019）、《软土地基路基监控标准》（GB/T 51275—2017）、《城市轨道交通工程监测技术规范》（GB 50911—2013）、《煤炭工业露天矿边坡工程监测规范》（GB 51214—2017）等，相关规范对表面水平位移、表面沉降、深层水平位移、深层沉降、支护结构应力等具体监测指标的量测方法作出了规定，可直接用于指导公路高填方路堤监测。而关于监测等级划分、监测断面间距、监测内容、监测频率、监测预警值等内容，不同监测对象相差较大。由于公路高填方路堤与建筑基坑、软土路基、轨道交通、排土场在结构形式、变形特性、施工方式、运营管理等方面均有比较大的差异，已有的相关规范无法直接指导公路高路堤的监测工作。因此,公路高路堤施工期与运营期的监测等级划分、监测断面间距、监测内容、监测频率、监测预警值等需进一步明确。

1.4 秦巴山区某公路项目工程概况

秦巴山区某公路项目主线采用设计速度80km/h、一般路基宽度55m的一级公路兼城市快速路标准,路线全长约8.1km,其中路基总长5855m,路基长度占线路里程的比例为72.3%,挖方481万m³,填方1092万m³。项目区域地形地貌如图1.2所示。

图1.2 项目区域地形地貌

项目区地处鄂北山地,属秦巴山区东段,区内为山地地貌,山谷相间,地形连绵起伏。地势起伏较大,一般自然坡度约30°,山体上地表存在残坡积物,沟谷地带有冲洪积物覆盖。沟谷多呈"V"形,少量冲沟呈"U"形。项目区沿线调查区大地构造单元地处秦岭褶皱系东秦岭南亚带,地质构造条件极为复杂。区内出露地层以中元古界武当群变质岩系为主,起点处少量为上元古界震旦系耀岭河组变质岩系,且均受到一定程度的变质作用;项目区域内浅层地层岩性主要为武当岩群下岩组(姚坪组),岩性以绿泥、绢云钠长片岩、变粒岩、石英片岩为主,同时,该岩群有顺层贯入的不同期次的辉绿岩脉。区域地表岩石风化剥蚀作用强烈,风化层较普遍,厚度多在1~15m之间。地表浅层覆盖土、石混杂的松散堆积体,在受到外力作用(如工程施工等)的影响下,极易形成不稳定斜坡和产生顺层滑塌等地质灾害,对路堤稳定性造成严重威胁。第四系岩体主要沿河流及沟谷地带分布,成因以冲积、残坡积为主,结构松散,厚度一般在0~10m之间。

项目沿线山高谷深,地形起伏较大,高填深挖路基较多,主线8.1km填方高度超过20m的高填方就有7处(表1.1),项目填方高度和土方规模在行业内较为少见。以K18+060~K18+400段高填方为例,路堤长度340m,最大填方高度81m,路堤填方量267万m³。项目高填方路堤主要采用路堑挖方和隧道宕渣作为路堤填料(图1.3)。宕渣属于土石混合料,其主要成分为白云岩、片岩等及其风化物。由于项目工期紧、填方工程浩大,针对路线中出现的高填方宕渣路堤,如何在控制路堤沉降和保证路堤稳定性的前提下,在最短的工期内完成路堤填筑工作成为本项目的重要问题。

项目高路堤段落概况　　　　　　　　　　　　　　　　　　　　表 1.1

序号	起讫桩号	路基中线最大填筑高度(m)	最大填方高度(m)	填方量(万 m³)
1	K10+300~K10+500	14	59	约91
2	K10+580~K10+720	14	75	约18
3	YK15+580~YK15+820	0.5	48	约69
4	YK16+340~YK16+640	60	64	约200
5	K17+000~K17+440	66	81	约228
6	K17+600~K17+720	35	44	约20
7	K18+060~K18+400	77	81	约267

图 1.3　项目高填方路堤所用的填料

项目高填方路堤施工主要面临以下几个难题:

(1)土石混合料粒径变化非常大、一般压实机械较难压实,填料压实难度大。

(2)陡坡路段路堤稳定性差。山区地形复杂,多为斜坡地基,高填方路堤易产生滑移。

(3)填方规模大,常规填筑工艺采用分层填筑碾压,每层虚铺厚度为 50cm,每填筑 2m 进行一轮冲击碾压处理,冲击势能不小于 25kJ,冲击碾压 20 遍。对于冲击碾压受限位置,采用普夯进行施工,每填筑高度 6~8m 进行一次普夯,夯点按等边三角形布置,间距 1.5m,落距 10m,锤重 10t,夯击能为 1000kN·m,锤印重叠不小于 50cm。经过测算,按照该工法施工,完成所有高填方施工至少需 30 个月,难以满足工期要求。

(4)高填方路堤变形量大、监测周期长、费时、费力。

宕渣填料的路用性能研究

CHAPTER 2

2.1 宕渣填料的基本物理性质

2.1.1 宕渣原岩的物理力学性质

依托工程中高填方路堤填料主要来源为路基挖方和隧道爆破产生的宕渣,成分以中风化绢云钠长片岩、中风化绢云石英片岩及其风化物为主。宕渣原岩物理力学指标见表2.1,试验结果表明,宕渣原岩的抗压强度小于30MPa,属软质岩。

宕渣原岩物理力学指标表　　　　　　　　　　　表2.1

岩石名称	天然密度(g/cm³)	天然抗压强度(MPa)	饱和抗压强度(MPa)
中风化绢云钠长片岩	2.68	20.9	14.8
中风化绢云石英片岩	2.67	22.9	22.2

2.1.2 天然含水率试验

选取依托工程 K16+849～K17+456、YK16+340～YK16+640、K17+620～K17+679、K18+060～K18+400 四处高填方路段分别取料,编号依次为 A、B、C、D,按照《公路土工试验规程》(JTG 3430—2020)分别对每个路段的填料称取适当质量的试样,采用烘干法测试各填料的天然含水率,按式(2.1)进行计算,整理试验结果见表2.2。

$$w_0 = \frac{m_1 - m_0}{m_0} \times 100\% \qquad (2.1)$$

式中:w_0——天然含水率(%),精确至0.1;

m_1——湿试样质量(g);

m_0——干试样质量(g)。

各填料天然含水率试验记录表　　　　　　　　　　表2.2

试样编号	盒号	盒+湿试样质量(g)	盒+干试样质量(g)	盒质量(g)	水质量(g)	干试样质量(g)	含水率(%)	平均含水率(%)
A	1	976.1	947.5	83.6	28.6	863.9	3.3	3.2
	2	992.2	964.7	83.7	27.5	881.0	3.1	

续上表

试样编号	盒号	盒+湿试样质量(g)	盒+干试样质量(g)	盒质量(g)	水质量(g)	干试样质量(g)	含水率(%)	平均含水率(%)
B	3	930.1	909.6	81.8	20.5	827.8	2.5	2.5
B	4	982.2	959.7	83.5	22.5	876.2	2.6	2.5
C	5	835.1	813.7	81.7	21.4	732.0	2.9	2.7
C	6	802.2	784.3	81.5	17.9	702.8	2.6	2.7
D	7	998.2	978.8	83.6	19.4	895.2	2.2	2.3
D	8	897.5	878.2	81.8	19.3	796.4	2.4	2.3

2.1.3 颗粒级配分析

为了解填料的颗粒级配情况,如图 2.1 所示,按照《公路土工试验规程》(JTG 3430—2020)分别对四处填方路段的宕渣填料试样 A、B、C、D 采用四分法称取 6kg 左右的试样,用振筛机进行颗粒级配分析,得到各填方路段填料的级配组成,筛分结果见表 2.3。依据试验结果绘制宕渣填料粒径分布曲线,如图 2.2 所示。

a)四分法取样　　　　　　　　　b)用振筛机筛分

图 2.1　颗粒级配试验

宕渣填料筛分结果　　　　　　　　　表 2.3

粒径(mm)	通过率(%)			
	A	B	C	D
60	93.0	93.1	93.0	91.1
40	78.1	81.2	73.3	75.0

续上表

粒径(mm)	通过率(%)			
	A	B	C	D
20	62.0	64.3	55.2	58.3
10	48.9	47.9	43.4	42.2
5	39.6	34.4	33.4	31.0
2	28.5	22.5	24.5	22.5
1	26.2	19.4	21.4	19.1
0.5	20.4	15.2	16.8	14.2
0.25	15.3	11.6	14.1	10.3
0.075	6.8	6.6	7.7	5.7

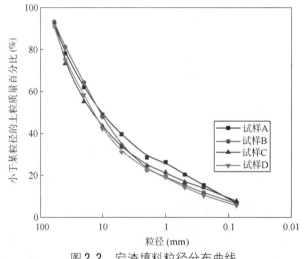

图2.2 宕渣填料粒径分布曲线

为了研究强夯对填料颗粒级配的影响,在上述四个试验段取料的同时,挖取强夯后的填料,试样编号依次为 A_1、B_1、C_1、D_1,按照《公路土工试验规程》(JTG 3430—2020)进行颗粒级配分析得到各填方路段强夯后填料的级配组成(表2.4),并绘制宕渣填料粒径分布曲线(图2.3)。

强夯后宕渣填料筛分结果　　　　表2.4

粒径(mm)	通过率(%)			
	A_1	B_1	C_1	D_1
60	94.9	95.7	93.6	93.2
40	86.1	86.9	79.9	80.0
20	71.8	71.1	67.3	65.4

续上表

粒径(mm)	通过率(%)			
	A_1	B_1	C_1	D_1
10	57.0	56.4	49.0	51.1
5	43.5	40.7	33.8	34.6
2	32.8	28.4	25.2	26.3
1	23.6	21.5	20.1	18.6
0.5	17.3	16.6	14.3	13.7
0.25	12.1	12.5	11.9	8.9
0.075	6.0	7.2	5.0	4.8

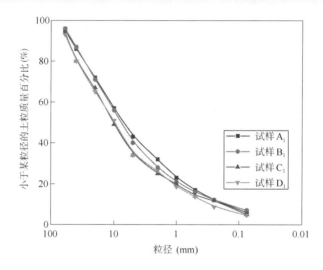

图 2.3 强夯后宕渣填料粒径分布曲线

由图 2.2 和图 2.3 可看出各试样的特征粒径,通过式(2.2)和式(2.3)计算各试样的颗粒级配指标,见表 2.5。A、B、C、D 四个强夯前的试样不均匀系数 C_u 依次为 148.3、100.0、176.9、104.8,曲率系数 C_c 依次为 2.1、4.2、3.9、4.2;A_1、B_1、C_1、D_1 四个强夯后的试样不均匀系数 C_u 依次为 71.2、82.0、85.3、53.2,曲率系数 C_c 依次为 1.6、2.9、5.3、1.9,可见强夯前的试样虽满足 $C_u>5$,但大部分试样不满足 $1<C_c<3$,属于级配不良的土,而强夯后的试样只有 C_1 试样不满足 $1<C_c<3$,其他试样均满足要求,级配良好。由此可知,邻近挖方段的爆破开山料物理特性较差,而强夯以动力冲击作用击碎和压实土体,能起到改良填料颗粒级配的作用,有助于提高路堤建设的质量。

$$C_u = \frac{d_{60}}{d_{10}} \qquad (2.2)$$

$$C_c = \frac{d_{30}^2}{d_{10} \times d_{60}} \tag{2.3}$$

式中： C_u——不均匀系数；

　　　C_c——曲率系数；

　　d_{10}、d_{30}、d_{60}——土的特征粒径(mm)，在土的颗粒级配曲线上，小于该粒径的土粒质量百分比分别为10%、30%、60%。

宕渣填料的特征粒径及颗粒级配指标表　　　　表2.5

试样编号	特征粒径			级配指标	
	d_{10}	d_{30}	d_{60}	C_u	C_c
A	0.12	2.1	17.8	148.3	2.1
B	0.17	3.5	17.0	100.0	4.2
C	0.13	3.4	23.0	176.9	3.9
D	0.21	4.4	22.0	104.8	4.2
A_1	0.17	1.8	12.1	71.2	1.6
B_1	0.15	2.3	12.3	82.0	2.9
C_1	0.17	3.6	14.5	85.3	5.3
D_1	0.31	3.1	16.5	53.2	1.9

2.1.4　不同含石量宕渣的最大干密度

为了研究宕渣的含石量对宕渣最大干密度、最佳含水率的影响特征及变化规律，本研究设置了6组不同含石量的宕渣，通过击实试验得到试验数据，并绘制干密度-含水率曲线，找出各不同含石量宕渣的最大干密度和最佳含水率。

选取YK16+340～YK16+640填筑段宕渣进行试验，因为填料含石量约70%，结合填料的特征及工程现场情况，对试验做处理后采用重型湿土法击实试验，试验仪器的参数见表2.6。

击实试验标准　　　　表2.6

试验方法	类别	锤底直径(cm)	锤质量(kg)	落高(cm)	试筒尺寸		层数	每层击数	击实功(kJ/m³)	最大粒径(mm)
					内径(cm)	高(cm)				
重型	Ⅱ-2	5	4.5	45	15.2	17	3	98	2677.2	40

(1)将填料用圆孔筛分为粒径 $d<5\text{mm}$、$5\text{mm}<d<40\text{mm}$、$d>40\text{mm}$ 三组,其中粒径 $d<5\text{mm}$ 的填料为土,$5\text{mm}<d<40\text{mm}$ 的填料为石,分别按照含石量 25%、35%、45%、55%、65%、75%、85%、95% 配制试样。

(2)每个含石量组按四分法准备 5 个试样。加入水分搅拌均匀后闷料一昼夜(24h)。

(3)将击实筒筒壁上抹一薄层凡士林,并在垫块上放置滤纸,将击实筒安置在电动击实仪上并放置套筒。取制备好的土样按三层法分 3 次倒入筒内,每层需要试样约 1700g。将表面整平并稍微压紧,按规定的击数进行击实,每层击实完后,将试样层面用刮刀"拉毛",按照上述方法将其余各层击实。击实结束后,试样不应高出击实筒顶面 6mm。

(4)扭动套筒使之与试样脱离,并取下击实筒,沿着筒顶削平试样,擦干净击实筒外壁并称量。用脱模机推出筒内的试样,在试样的中心处按照规范要求取样测含水率。

根据试验结果绘制各不同含石量宕渣的干密度-含水率曲线图(图 2.4),可得到其最大干密度和最佳含水率。图 2.5 和图 2.6 是宕渣的最大干密度、最佳含水率随含石量变化的曲线。

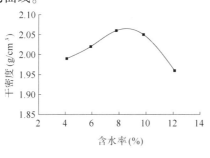

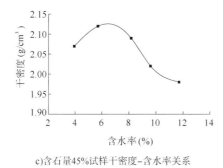
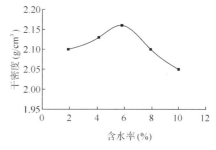

图 2.4

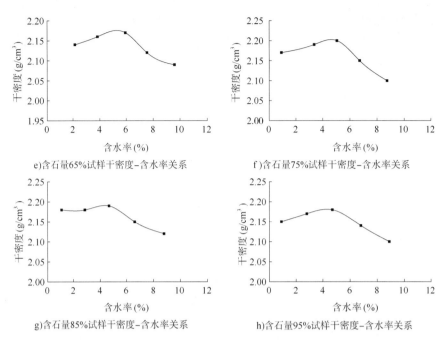

图 2.4 不同含石量宕渣干密度-含水率关系曲线图

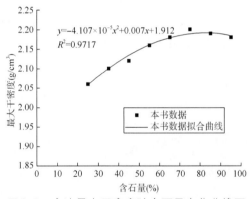

图 2.5 宕渣最大干密度随含石量变化曲线图

$y = -4.107 \times 10^{-5} x^2 + 0.007 x + 1.912$
$R^2 = 0.9717$

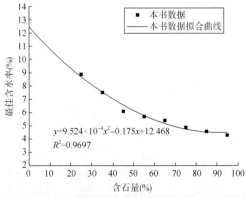

$y = 9.524 \times 10^{-4} x^2 - 0.175 x + 12.468$
$R^2 = 0.9697$

图 2.6 宕渣最佳含水率随含石量变化曲线图

为分析填料达到最大干密度状态时,其细颗粒成分的密实状态,采用式(2.4)计算混合料中细颗粒成分的密度。计算出的不同含石量宕渣中细粒土干密度,见表2.7。图2.7是宕渣中细粒土干密度随含石量的变化曲线。

$$\rho_{d1} = \frac{\rho_d - F \cdot \rho_d}{1 - \frac{F \cdot \rho_d}{G_{S1} \cdot \rho_w}} \quad (2.4)$$

式中:ρ_{d1}——宕渣中细粒土干密度(g/cm^3);

ρ_d——宕渣干密度(g/cm^3);

F——宕渣的含石量;

G_{S1}——宕渣中石料的比重;

ρ_w——水的密度(g/cm^3)。

不同含石量宕渣中细粒土干密度表　　表2.7

含石量(%)	25	35	45	55	65	75	85	95
细粒土干密度(g/cm^3)	1.91	1.88	1.81	1.75	1.62	1.43	1.08	0.48

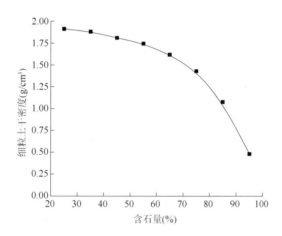

图2.7　宕渣中细粒土干密度随含石量变化曲线图

从图2.5中可以看出,宕渣最大干密度先随含石量的增加而增大,含石量小于60%时,这种增加的趋势非常明显;含石量在60%~75%之间时,曲线较为缓和,增加的趋势较前阶段明显;当含石量达到75%左右之后时,宕渣的最大干密度随着含石量的增加而减小,且减小的速率较增大的速率小。从图2.6中可以看出,这种差异随着含石量的增大而增大,当含石量小于35%时,二者的数据差异不大且基本接近。

从图2.6中可以看出,宕渣的最佳含水率随着含石量增加而减小,当含石量大于75%后,最佳含水率基本平稳。因为细粒土的表比面积大于石料,故细粒土可吸收更多的水分,宕渣中的水分大部分被细粒土吸收。本书中宕渣试样中的细粒土主要为黏性土,亲水矿物较多,能吸收的水分更多,故含石量较小时其对最佳含水率影响较大;而含石量大于75%后,试件中的细粒土含量相差不大,故宕渣的最佳含水率变化不大。

从图2.7中可以看出,在宕渣在最大密实状态时,混合料中细粒土干密度随着含石量增加而减小,当含石量大于70%后细粒土的干密度减小速率明显加快。细粒土的干密度减小,说明其压实度在降低,即含石量较高的宕渣中的粒土压实度较低,处于松散状态,其抗冲刷和抗渗透能力较低。因此,宕渣填料路堤应避免采用含石量较高的土。

2.2　宕渣填料的 CBR 强度特性

CBR 值表示试验材料与标准碎石的相对强度,是个无量纲值。本书以分析不同含石量宕渣的 CBR 值及膨胀量的为目的,采用与2.1节相同的方法现用 B 填料配制试样进行 CBR 试验。根据《公路土工试验规程》(JTG 3430—2020),本书采用重型击实方法进行制件,成型后试件泡水4昼夜,用承载比(CBR-1)试验仪进行贯入试验(图2.8)。图2.9为贯入试验单位压力-贯入量变化曲线,整理后的试验结果见表2.8和表2.9,并绘制了宕渣的 CBR 值和膨胀量随含石量变化的柱状图,如图2.10和图2.11所示。

$$膨胀量(\%) = \frac{泡水后试件的高度变化}{试件初始高度(120mm)} \times 100 \tag{2.5}$$

a)膨胀量测定　　　　　　b)贯入试验

图2.8　宕渣 CBR 试验

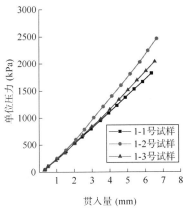

a) 含石量35%试样单位压力-贯入量关系曲线

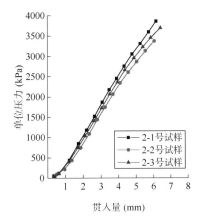

b) 含石量45%试样单位压力-贯入量关系曲线

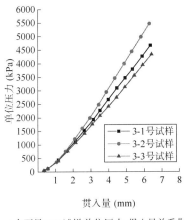

c) 含石量55%试样单位压力-贯入量关系曲线

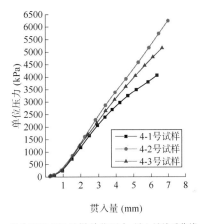

d) 含石量65%试样单位压力-贯入量关系曲线

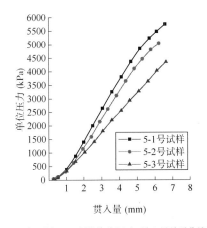

e) 含石量75%试样单位压力-贯入量关系曲线

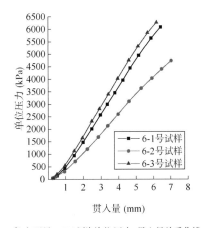

f) 含石量85%试样单位压力-贯入量关系曲线

图2.9　不同含石量宕渣贯入试验曲线图

不同含石量宕渣 CBR 值   表2.8

含石量(%)	CBR2.5	CBR5.0	CBR 采用值
35	9.36	13.85	13.95
45	18.00	27.86	27.86
55	19.50	31.95	31.95
65	24.86	39.38	39.38
75	26.36	42.76	42.76
85	31.50	47.52	47.52

宕渣膨胀量试验记录表   表2.9

含石量(%)	试件编号	泡水前试件高度(mm)	泡水后试件高度(mm)	膨胀量(%)	膨胀量平均值(%)
35	1-1	120	120.79	0.658	0.617
	1-2	120	120.71	0.592	
	1-3	120	120.72	0.600	
45	2-1	120	120.42	0.350	0.394
	2-2	120	120.51	0.425	
	2-3	120	120.49	0.408	
55	3-1	120	120.38	0.317	0.339
	3-2	120	120.41	0.342	
	3-3	120	120.43	0.358	
65	4-1	120	120.35	0.292	0.258
	4-2	120	120.28	0.233	
	4-3	120	120.30	0.250	
75	5-1	120	120.21	0.175	0.167
	5-2	120	120.19	0.158	
	5-3	120	120.20	0.167	
85	6-1	120	120.16	0.133	0.119
	6-2	120	120.13	0.108	
	6-3	120	120.14	0.117	

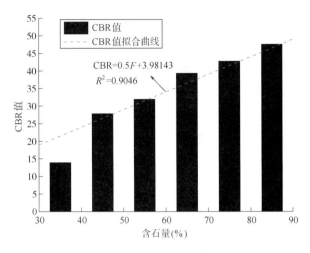

图2.10 不同含石量宕渣的CBR值

注：F 为含石量，后同。

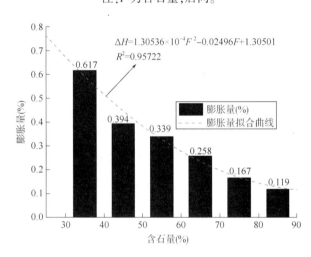

图2.11 不同含石量宕渣的膨胀量

注：ΔH 为膨胀量。

通过表2.8和图2.9~图2.11可得到以下结论：

(1)宕渣贯入试验中，贯入量 $l=2.5$ mm 时的CBR值均小于 $l=5$ mm 时的CBR值，这是因为用重型击实制件后，宕渣试件的表面有一薄层细粒土，贯入杆压入所需要的单位压力小，而当贯入杆压入5mm时，宕渣中的土石成分共同承担压力，所需要的单位压力增大，故 $l=5$ mm 时的CBR值均较 $l=2.5$ mm 时的CBR值大。按照《公路土工试验规程》(JTG 3430—2020)要求，宕渣的CBR值取 $l=5$ mm 时的CBR值。

(2)宕渣的CBR值随着含石量的增加而增大，说明填料中的石料可提高材料的承载能力，宕渣试可作为一种良好的填筑材料。本书中宕渣的CBR值与含石量 F 可拟合为以下关系式：

$$CBR = 0.5F + 3.98143$$
$$R^2 = 0.9046 \tag{2.6}$$

（3）宕渣的膨胀量随着含石量的增加而减小，说明填料的遇水膨胀主要为细粒料吸水膨胀所致，填料中的石料可降低填料的膨胀性，具有较好的水稳定性，避免路堤建成通车后因降雨产生膨胀而影响行车舒适度和安全。本书中，宕渣的膨胀量 ΔH 与含石量 F 可拟合为以下关系式：

$$\Delta H = 1.30536 \times 10^{-4} F^2 - 0.02496F + 1.30501$$
$$R^2 = 0.95722 \tag{2.7}$$

2.3 宕渣填料的无侧限抗压强度

无侧限压缩试验是三轴压缩试验的一种特殊情况，即周围压力 $\sigma_3 = 0$ 的三轴试验。试验中通过轴向压力的增大直至试验产生剪切破坏，破坏时的轴线压应力成为无侧限抗压强度，它是评价填料路用性能的重要参数。采用与 2.2 节相同的方法，用 B 填料配制 8 种含石量试样，利用重型击实将试件成型，试件成型后用工地试验室的数显万能试验机(WES-1000B)（图 2.12a）对试件施加轴向压力，直至试件完全破坏（图 2.12b）。

a)数显万能试验机(WES-1000B)

b)试件被压至破坏

图 2.12　宕渣的无侧限抗压强度试验

图 2.13 是根据试验结果绘制的各含石量宕渣试件无侧限抗压强度随含水率的变化曲线。从图 2.13 中可看出，各含石量的宕渣试件的无侧限抗压强度都有一个最大值。将各含石量的宕渣试件的最大无侧限抗压强度摘出并绘制无侧限抗压强度随含石量的变化曲线，如图 2.14 所示，无侧限抗压强度随含石量的增加而迅速增大，直至含石量55%时其无侧限抗压强度达到最大，而后缓慢减小。

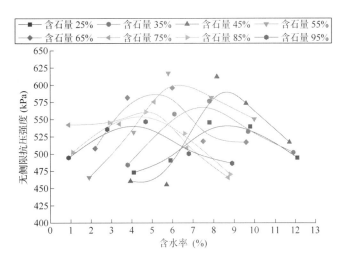

图 2.13　宕渣的无侧限抗压强度随含水率的变化曲线

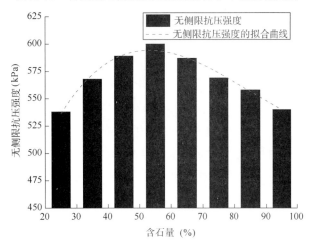

图 2.14　不同含石量宕渣的无侧限抗压强度柱状图

本书中宕渣的无侧限抗压强度 q_u 与含石量 F 可拟合为以下关系式：

$$q_u = 6.13636 \times 10^{-4} F^3 - 0.15432 F^2 + 11.19418 F + 343.02476$$

$$R^2 = 0.96103 \tag{2.8}$$

2.4　宕渣填料的压缩特性

2.4.1　试验方案

本次试验主要仪器为天水红山试验机有限公司生产的 GAJ-1000 型大型固结仪

(图2.15)。该固结仪主要由主机、施力装置、环刀、护筒、顶盖等部件组成。环刀直径为500mm,高为300mm,由于仪器高度与试样粒径的比值应不小于5,所以试验中试样的最大粒径为60mm。固结仪轴向最大加载压力为1000kN,压力稳定精度为±1%。装置通过下方液压千斤顶将环刀顶起,借助力传感器显示试样受到的压力,通过主机控制千斤顶推力进而调节试样受到的荷载。

a)大型固结仪

b)环刀直径500mm

c)固结仪顶盖

d)力传感器

图2.15 大型固结仪

试验所需其他物品有筛网、百分表(量程为50mm,最小分度值为0.01mm)、喷漆、凡士林等(图2.16)。

图2.16 其他试验仪器

根据已有的研究成果和工程经验,在宕渣中,一般常用粒径5mm作为划分混合料中"土"和"石"的界限,粒径大于5mm的粗颗粒被称为"石",在宕渣中充当骨架;小于5mm的细颗粒被称为"土",包裹粗颗粒,填充骨架间隙。在宕渣中,含石量的多少对宕渣的工程性质影响较大。

根据现场填料筛分情况,依托工程宕渣的含石量在35%~70%之间。为了研究含石量和含水率对宕渣压缩性质的影响,结合依托工程实际情况,设计如下试验方案:设置含石量为35%、50%、65%的三组宕渣进行压缩试验,研究含石量对宕渣压缩性质的影响;对含水率为3%、6%、9%的宕渣进行压缩试验,研究含水率对宕渣压缩性质的影响。压缩试验共9组试样,分别编号为试验组1~9,见表2.10。

试验组编号　　　　　　　　　　　　　　表2.10

含水率(%)	含石量		
	35%	50%	65%
3	试验组1	试验组2	试验组3
6	试验组4	试验组5	试验组6
9	试验组7	试验组8	试验组9

试验中,三组不同含石量的试验级配采用替代级配的方法进行设计,即在原有级配的基础上,以粒径5mm为界限,分别保持粗颗粒和细颗粒各粒径比例不变,对试样中的"土"和"石"分别计算,来达到控制级配的目的。具体试验样品颗粒筛分情况见表2.11,试验级配曲线如图2.17所示。

不同含石量试验样品颗粒筛分情况　　　　　　　表2.11

粒径(mm)	原始级配 颗粒占比(%)	35%含石量 颗粒占比(%)	50%含石量 颗粒占比(%)	65%含石量 颗粒占比(%)
40~60	22.02	12.71	18.16	23.61
20~40	17.63	10.18	14.54	18.90
10~20	11.90	6.87	9.82	12.76
5~10	9.07	5.24	7.48	9.73
2~5	22.58	37.27	28.67	20.07
1~2	7.30	12.05	9.27	6.49
0.5~1	4.70	7.76	5.97	4.18
0.075~0.5	2.50	4.13	3.17	2.22
0~0.075	2.30	3.80	2.92	2.04

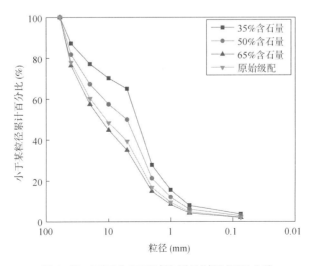

图2.17　不同含石量试验样品试验级配曲线

根据室内击实试验得到:含石量35%的试验级配最佳含水率为8.4%;含石量50%的试验级配最佳含水率为6.2%;含石量65%的试验级配最佳含水率为4.7%。

计算得到试验级配的曲率系数C_c和不均匀系数C_u,见表2.12。由表2.12可知,用替代级配方法设计出的试验级配均为级配良好的宕渣。

试验样品颗粒组成特征表　　　　　　　　表2.12

样品类型	d_{10}(mm)	d_{30}(mm)	d_{60}(mm)	C_u	C_c
原始级配	1.07	3.75	19.60	18.35	0.67
35%含石量	0.63	2.18	4.60	7.25	1.63
50%含石量	0.83	2.91	12.57	15.19	0.81
65%含石量	1.24	4.25	22.66	18.28	0.64

2.4.2　试验步骤

本次宕渣大型压缩试验步骤如下:

(1)对来自项目现场采集到的宕渣进行烘干筛分,获得不同粒径的颗粒,如图2.18所示。

图2.18　宕渣筛分后得到的各粒径颗粒

(2)按照试验方案和试验级配,称取各试验组所需的不同粒径颗粒和水配置试样(图2.19)。将宕渣和水搅拌均匀后,利用保鲜膜进行密封,静置12h,以备第二天试验使用。

(3)装填试样前,在顶盖和环刀内侧涂抹凡士林,用来减小顶盖与环刀内侧和试样与环刀内侧之间的摩擦力。在宕渣中随机选取6块粒径在20~60mm之间的石块,并喷涂红色喷漆进行标记(图2.20)。在正式装填试样前,将宕渣进行二次搅拌,使各粒径颗粒在宕渣中的分布更加均匀。由于大型固结仪环刀尺寸为$\phi 500mm \times 300mm$,所以,为了保证各粒径颗粒在装填过程中尽量均匀,将配置好的宕渣等分成五份,依次装入环刀中。在装填第三层和第四层宕渣时,将之前选取并标记为红色的石块均匀地摆放在试样中,用来反映压缩前后宕渣中大颗粒粒径变化。在全部填料装填完成后,对试样进行整平,尽量确定试样表面无凸起和凹陷,同时保证试样表面尽量水平,确保后期加载时,压力能均匀作用于试样。

图 2.19 各试验组试样

图 2.20 标记石块摆放位置示意图

(4)试样装填完成后,将顶盖吊装到环刀上,尽量保证顶盖和环刀保持中心对齐。将已经组装好的环刀推至液压千斤顶上方,并且保证千斤顶与环刀保持中心对齐,防止加载时发生偏载,导致试样受力不均匀。在固定好环刀位置后,将三个百分表按照互为120°角的位置安装到环刀上(图 2.21)。调节百分表位置,尽量保持百分表竖直。启动固结仪,先加载100kPa进行预压,在本级荷载稳定后,按照分级加载的方式,以200kPa、400kPa、800kPa、1200kPa、1600kPa的加载顺序依次加载。每级荷载加载时,前1h按照5min、5min、10min、10min、15min、15min的时间间隔对百分表进行读数,之后每30min读数一次。根据《公路土工试验规程》(JTG 3430—2020)规定,以1h内的变形量小于

0.05mm作为当级荷载下试样变形稳定的标准。当三个百分表1h内的读数变化均小于0.05mm时,认为试样在本级荷载下变形达到稳定,可以加载下一级荷载。当加载至1600kPa且试样变形量小于0.05mm/h时,结束本组试验。荷载与压力对照表见表2.13。

图2.21 百分表安装位置示意图

荷载与压力对照表　　　　　　　　　　　　　表2.13

荷载(kPa)	100	200	400	800	1200	1600
压力(kN)	19.63	39.25	78.5	157	235.5	314

(5)每组试验完成后,按照卸荷、拆除百分表、移除顶盖、取出试样的顺序对试验装置进行整理。在取出试样的过程中,尽量避免对宕渣中的颗粒造成破坏。对取出的试样进行烘干,筛分,记录压缩试验后宕渣中各粒径组分变化。

2.4.3　试验现象分析

试验组4、试验组5、试验组6压缩试验完成后,试件表面如图2.22所示。

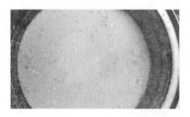
a)试验组4(含石量35%,含水率6%)

b)试验组5(含石量50%,含水率6%)

c)试验组6(含石量65%,含水率6%)

图2.22　压缩试验后试件表面

对试验组 4、试验组 5、试验组 6 压缩后的试样进行烘干筛分,得到压缩前后各组试样的粒组含量变化,见表 2.14 ~ 表 2.16。

压缩前后试验组 4 各粒组含量　　　　　　　　　　　表 2.14

粒径范围(mm)		40~60	20~40	10~20	5~10	2~5	<2
各粒组质量百分比(%)	压缩前	12.71	10.18	6.87	5.24	37.27	27.73
	压缩后	12.62	10.09	6.79	5.34	37.31	27.85

压缩前后试验组 5 各粒组含量　　　　　　　　　　　表 2.15

粒径范围(mm)		40~60	20~40	10~20	5~10	2~5	<2
各粒组质量百分比(%)	压缩前	18.16	14.54	9.82	7.48	28.67	21.33
	压缩后	17.26	14.51	10	7.67	28.89	21.67

压缩前后试验组 6 各粒组含量　　　　　　　　　　　表 2.16

粒径范围(mm)		40~60	20~40	10~20	5~10	2~5	<2
各粒组质量百分比(%)	压缩前	23.61	18.90	12.76	9.73	20.07	14.93
	压缩后	20.06	17.02	12.94	10.23	21.02	18.73

在试验组 4、试验组 5、试验组 6 中放置的红色石块在压缩试验前后粒径变化如图 2.23 所示。

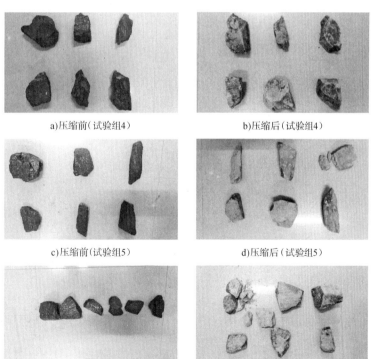

a)压缩前(试验组4)　　　　　　　　b)压缩后(试验组4)

c)压缩前(试验组5)　　　　　　　　d)压缩后(试验组5)

e)压缩前(试验组6)　　　　　　　　f)压缩后(试验组6)

图 2.23　试验前后标记石块粒径变化

根据试验可以看出,当含石量较低时,随着宕渣被压缩,粗颗粒之间逐渐靠近但并未形成骨架,细颗粒包裹着粗颗粒,起到保护作用,如图 2.23a)、b)所示,宕渣的内部为密实结构,试件表面无明显孔洞;随着含石量的增加,粗颗粒成骨架,当细颗粒无法填充骨架空隙时,在外荷载的作用下,粗颗粒破裂,如图 2.23c)、d)所示,形成新的细颗粒填充粗颗粒形成的骨架空隙,宕渣的内部为骨架-密实结构,试件表面出现少量孔洞;当含石量继续增加时,粗颗粒进一步破碎形成新的细颗粒,如图 2.23e)、f)所示,但这时粗颗粒破碎形成的细颗粒和原有的细颗粒都无法完全填充由粗颗粒形成的骨架空隙,这时宕渣的内部结构变为骨架空隙结构,试件表面逐渐出现大量孔洞。

在试验组 8(含石量 50%,含水率 9%)、试验组 9(含石量 65%、含水率 9%)的两组压缩试验中,由于宕渣在压缩过程中逐渐达到饱和,随着压力的继续增加,试样发生蠕变,其中试验组 9 在荷载 400kPa 时发生蠕变,试验组 8 在荷载 800kPa 时发生蠕变。试验完成后,对试验组 8、试验组 9 测定含水率,试验组 8 的含水率变为 8.2%,试验组 9 的含水率变为 7.7%。根据试验组 8、试验组 9 的试验现象可以看到,当宕渣中含石量增大时,宕渣越容易在压力的作用下达到饱和状态,当压力继续增加时,宕渣此时开始发生蠕变,变形稳定时间变长。同时,由于蠕变会造成宕渣中细集料的流失,影响宕渣内部细集料对粗集料的包裹保护作用,进一步增大宕渣中粗集料的破碎概率,增大宕渣的压缩变形量。图 2.24 所示为试验后环刀与护壁间的水和细集料。

图 2.24　试验后环刀与护壁间的水和细集料

2.4.4　含石量对宕渣压缩性的影响

由于试验组 8 和试验组 9 在试验时发生蠕变,级配发生变化,本节仅对试验组 1~6

的试验结果进行分析。

绘制不同含石量下试样的侧限压缩应变 ε 随荷载 P 变化曲线,如图 2.25 所示。

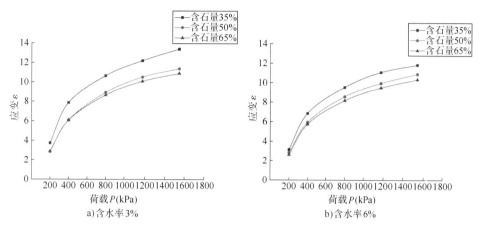

图 2.25 不同含石量试样的压缩结果

根据图 2.25 可以看出,宕渣压缩应变随着含石量的增大而减小。在相同含水率的情况下,不同含石量的压缩曲线之间的间距随着含石量的增大而逐渐减小,表明随着含石量的增加,含石量对宕渣压缩应变的影响逐渐减弱。

含石量 35% 的宕渣各级荷载下的应变远大于其他两组含石量在相同荷载下的应变。含石量 50% 的宕渣与含石量 65% 的宕渣的应变在荷载较小时,应变差值较少,当荷载继续增加时,两组不同含石量的宕渣的应变差值逐渐变大,产生明显差别。结合前述试验现象可以得出,出现这种现象的原因是当含石量较低时,宕渣中粗颗粒未形成骨架,细颗粒包裹着粗颗粒,这时粗颗粒对宕渣形变的影响较小,荷载主要由细颗粒承担,变形量较大;当含石量逐渐增加,这时粗颗粒形成骨架,减少了宕渣压缩时产生的形变,但随着荷载的增加,粗颗粒发生破裂,形成的细颗粒包裹粗颗粒,变形量增加,荷载也逐渐由粗颗粒和细颗粒共同承担;随着含石量进一步增大,使得粗颗粒破碎产生的细颗粒无法完全填充骨架空隙,荷载主要被由粗颗粒形成的骨架承担,粗颗粒形成的骨架稳定性好,变形量小。也就是说,含石量 35% 的宕渣荷载是由混合料中的细颗粒承担,而细颗粒压缩性较好,所以压缩应变较大;当荷载较小时,含石量 50% 的宕渣和含石量 65% 的宕渣都是以粗颗粒形成的骨架作为主要的荷载承担者,当荷载继续增加时,含石量 50% 的宕渣中的粗颗粒发生破碎,混合料受到的荷载逐渐由粗颗粒和细颗粒共同承担,而含石量 65% 的宕渣荷载依旧由粗颗粒形成的骨架承担,所以这两组含石量的宕渣在荷载较小时,应变差值较少;荷载较大时,应变差值增大。

2.4.5 含水率对宕渣压缩性的影响

由于试验组 8、试验组 9 在试验时发生蠕变，含水率和级配发生变化，本节仅对试验组 1~7 的试验结果进行分析。

绘制不同含水率下试样的侧限压缩应变 ε 随荷载 P 变化曲线，如图 2.26 所示。

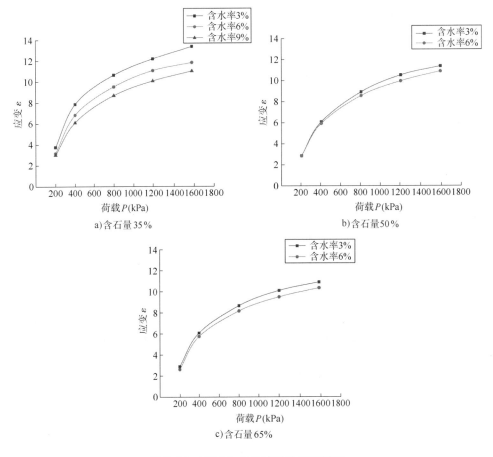

图 2.26　不同含水率试样的压缩结果

根据图 2.26 可以看到，宕渣的压缩应变随着含水率增加而逐渐减小。同时，根据图 2.26a)所示的曲线可以看出，当含水率从 3% 增加到 9% 时，不同含水率下宕渣压缩应变差值在逐渐减小，说明当宕渣的含水率逐渐靠近最佳含水率时，含水率对宕渣压缩应变的影响逐渐减弱。

含石量 65% 的宕渣最佳含水率为 4.7%，处于 3% 和 6% 之间，根据图 2.26c)，含石率 65% 的宕渣，初始含水率 3% 的试验组压缩应变大于初始含水率 6% 的试验组的压缩应变,表明在最佳含水率附近,宕渣的初始含水率小于或者大于最佳含水率对混合料压缩应变的影响效果相似。

2.4.6 宕渣填料的压缩性质

由于试验组8、9试验条件发生改变,下面的宕渣压缩性质研究以试验组1~7的试验结果作为研究分析对象。

由于每级荷载条件下的稳定时间并不相同,但从各组试验数据可以看出,每级荷载加载时,试样前3h的变形量占本级荷载稳定时试样总变形量的85%以上,所以,为了方便对各组试样试验结果进行对比和分析,每级荷载选取前3h的变形数据,绘制每组试样的分级荷载下累计应变-时间曲线,如图2.27所示。

由图2.27可以看出,各组试样的曲线形状、变化规律较为相似,应变-时间曲线呈明显的阶坎状,在每一级荷载加载时,试样在前5%的总稳定时间内完成95%左右的当级总变形量。当荷载增量相同时,压缩变形量越来越少。

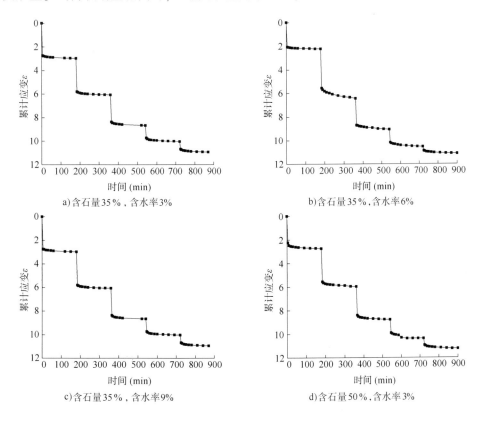

图 2.27

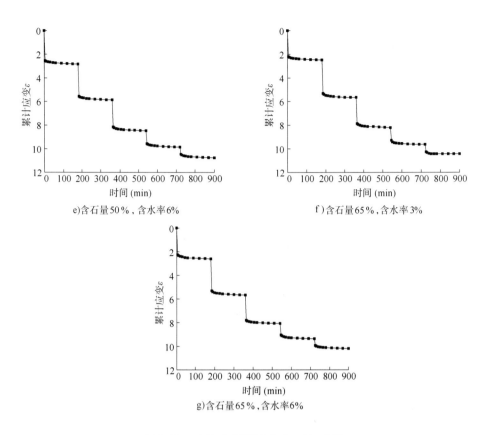

图 2.27　宕渣分级累计应变-时间曲线

利用式(2.9)计算每级荷载下的土样孔隙比 e_i：

$$e_0 = \frac{(w_0+1)\rho_w G_s}{\rho_0} - 1 \tag{2.9}$$

$$e_i = e_0 - (1+e_0)\frac{\sum \Delta h_i}{h_0} \tag{2.10}$$

式中：e_0——试样初始孔隙比；

ρ_w——水的密度；

ρ_0——试样初始密度；

G_s——土粒比重；

w_0——试样初始含水率；

h_0——试样初始高度；

$\sum \Delta h_i$——当前荷载下累计压缩总量。

根据计算得到的土样孔隙比 e_i，绘制各组试验的 $e\text{-}\lg\sigma$ 曲线，如图 2.28 所示。

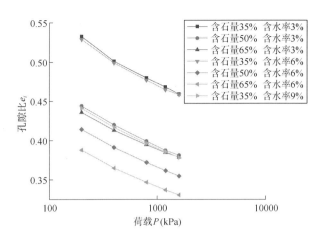

图 2.28　各试验组压缩试验的 e-P 曲线

根据图 2.28,按照式(2.11)计算出各试验组压缩指数 C_c。

$$C_c = -\frac{\Delta e}{\Delta(\lg P)} \tag{2.11}$$

式中：C_c——试样的压缩指数；

$\Delta(\lg P)$——压力增量；

Δe——由 $\Delta(\lg P)$ 引起的孔隙率变化量。

计算得到的各组试样的压缩指数如图 2.29 所示。

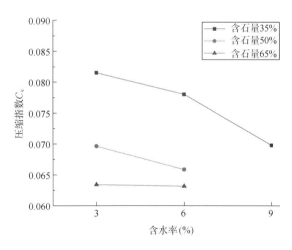

图 2.29　含水率与压缩指数 C_c 的关系曲线

从图中可以看出,当宕渣中含石量越大,压缩指数越小,含水率对宕渣压缩指数的影响越弱。

根据式(2.12)、式(2.13)计算各组试样各级荷载下的压缩系数 a_i 和压缩模量 E_{si}。

$$a_i = \frac{e_i - e_j}{p_j - p_i} \quad (2.12)$$

$$E_{si} = \frac{1 + e_i}{a_i} \quad (2.13)$$

对计算得到的压缩系数a_i和压缩模量E_{si}进行整理,绘制压缩系数与荷载关系曲线,如图2.30所示;绘制压缩模量与荷载关系曲线,如图2.31所示。

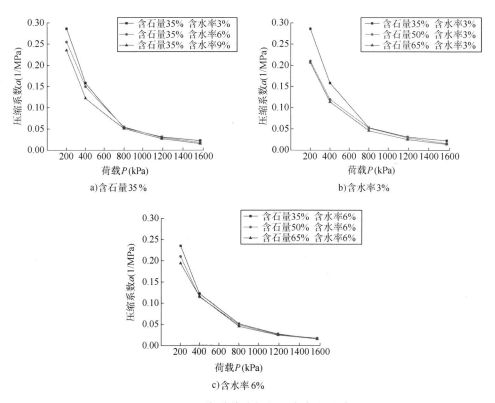

图2.30 压缩系数随竖向压力变化曲线

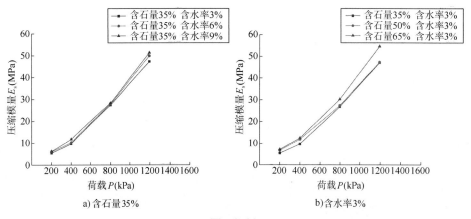

图 2.31

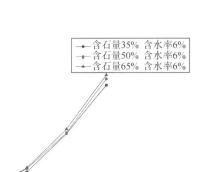

图 2.31 压缩模量随竖向压力变化曲线

由图 2.30 可以看出,宕渣的压缩系数与含石量、含水率和外荷载都有关系。当含水率一定时,含石量越大,宕渣的压缩系数越小;当含石量一定时,在一定的含水率范围内,含水率越大压缩系数越小;当含水率和含石量一定时,外荷载越大,压缩系数越小。当外荷载较小时,各组宕渣的压缩指数相差较大;当外荷载大于 800kPa 时,各试验组压缩系数相差较少。

由图 2.31 可以知道,压缩系数与压缩模量成反比,所以可以看出随着含石量、含水率和外荷载的增加,压缩模量也随着增加。由图 2.31 中各试验组曲线变化可以看出,当荷载较小时,含石量 50% 的宕渣压缩模量与高含石量宕渣的压缩模量较为接近;当外荷载较大时,含石量 50% 的宕渣压缩模量与低含石量宕渣的压缩模量较为接近。可能原因是,随着压缩应力的增大,宕渣内部由粗颗粒骨架承担的荷载逐渐转变为由粗颗粒和细颗粒共同承担。

综上所述,含石量和含水率对宕渣的压实具有较大的影响。在实际工程中,应尽量增加填料的含石量以减小路堤的变形沉降;路堤压实中,选择合适的含水率进行填料的压实,如果含水率过大,应采取措施降低路堤填料的含水率,防止后期路堤填筑时,底层路堤在上部路堤的荷载作用下发生蠕变,导致路堤失稳或者沉降难以控制。

2.5 宕渣填料抗剪强度特性

宕渣填料的抗剪强度特性与含石量密切相关,本节采用大型剪切仪研究含石量对宕渣填料抗剪强度特征的影响。

2.5.1 试验方案

1）试验仪器

试验仪器为 Shear Trac Ⅲ 大型直剪仪(图2.32)，可以自动完成试样的直剪试验,从而确定材料的抗剪强度指标。该仪器具备智能加载功能,可通过测试设定值进行加载和卸载,水平和垂直方向的限位开关保证仪器的运行在其行程范围内。整套设备电动控制,易于操作,拆装试样也较为简单。主要技术指标如下：

(1) 试样大小尺寸：$300\text{mm} \times 150\text{mm} \times 200\text{mm}$；

(2) 荷载能力：100kN；

(3) 水平位移：60mm；

(4) 最大水平应力：100kN；

(5) 水平应变速率：$0.00001 \sim 10.00000\text{mm/min}$。

图2.32 Shear Trac Ⅲ 大型直剪仪

2）试样制作

首先将宕渣填料中粒径 $d \geqslant 40\text{mm}$ 的大颗粒筛除,过5mm孔筛形成粒径 $d < 5\text{mm}$、$5\text{mm} \leqslant d < 40\text{mm}$ 两档粒组,按照含石量25%、35%、45%、55%、65%、75%配制试件,各含石量宕渣填料试件(图2.33)的颗粒级配曲线如图2.34所示。控制试样的初始孔隙比 $e_0 = 0.7$,按照式(2.6)计算每个试样质量。试验设置4等级的法向应力,分别为100kPa、200kPa、400kPa、600kPa。将配制好的填料加水至最佳含水率,搅拌均匀后闷料一昼夜(24h)即可开始试验。图2.35展示了试件制备过程。

a) 含石量25%　　　　b) 含石量35%　　　　c) 含石量45%

d) 含石量55%　　　　e) 含石量65%　　　　f) 含石量75%

图 2.33　不同含石量的宕渣填料

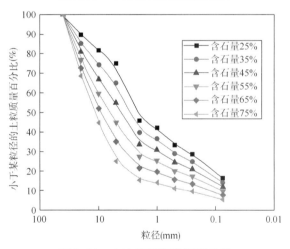

图 2.34　宕渣填料颗粒级配曲线

a) 配土拌料　　　　b) 闷料　　　　c) 装料

图 2.35　试件制备过程

3）试验步骤

（1）分层填装试样，将填料分3次倒入剪切室中，每次倒入填料后将其摊平压至预定的高度，每层填料的厚度为4cm，各层之间接触面"拉毛"处理，以免层面之间接触不良影响试验效果；每次倒入压力室的填料精确称重，保证每层填料的初始孔隙比相等，填装完毕后加盖上压板。

（2）打开计算机控制系统，设置参数，将位移出传感器和力传感器安装就位并归零。

（3）预固结，按照试验方案设定法向应力，将试样在设定法向应力下固结，待系统中的位移曲线平缓稳定后表示预固结完成，关闭固结模式。

（4）开启剪切模式，剪切速率设置为0.4mm/min，剪切应变为15%，即试件剪切45mm，系统将自动高速记录剪切过程中的各类数据。

（5）剪切完成，停止剪切状态，取下力传感器和位移传感器，清理剪切室。

（6）关闭试验系统，保存记录数据并着手处理数据。

2.5.2 试验结果分析

根据宕渣填料的大型直剪试验结果绘制抗剪强度-位移曲线，如图2.36所示。试验结果表明，不同含石量的宕渣填料在各法向应力下的抗剪强度-位移曲线总体具有非线性特征，均无明显的峰值，呈剪切硬化现象。

曲线的变化可分为三个阶段：

弹性变形阶段：该阶段很短暂，抗剪强度快速增加，抗剪强度-位移曲线为一斜率基本不变的直线段，且随着法向应力增大，抗剪强度-位移曲线的斜率逐渐增加。

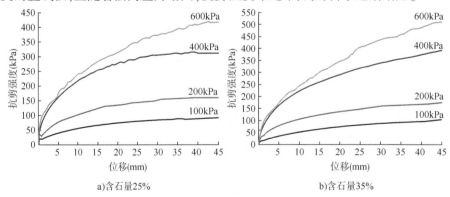

a) 含石量25%　　　　　b) 含石量35%

图 2.36

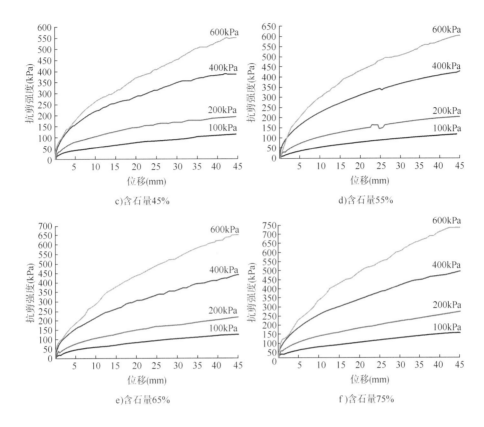

图 2.36 宕渣填料抗剪强度-位移曲线

初始屈服阶段：该阶段持续时间较长，随着剪切位移的增加，抗剪强度继续增加，但抗剪强度-位移曲线的斜率较前阶段（弹性阶段）小，曲线相对较平缓。

剪切破坏阶段：随着剪切位移的继续增大，剪应力也持续增大，剪切破坏面逐渐增大直至贯通，抗剪强度-位移曲线可表现为非常平缓或略有下降，即随着剪切位移的增加，剪应力不再继续增加，而是保持不变或者略有减小。

随着剪切的进行，试样中的块石颗粒逐渐相互咬合，可在曲线中观察到抗剪强度逐渐增大，当粗颗粒之间的咬合达到最紧密状态时，试样的抗剪强度达到局部范围的最大值；剪切继续进行，当粗颗粒间的咬合力不足以维持试样内部颗粒的平衡时，粗颗粒不断地旋转、移动甚至跳跃到粗颗粒另一侧以达到新的平衡，此时可观察到抗剪强度-位移曲线上下微弱跳跃的现象。曲线出现多次的平缓-陡峭、急速下降-急速上升的过程，这种现象随着块石含量和法相应力的增大变得更加明显，可理解为在剪切过程中试样中的粗颗粒多次发生位移、旋转、跳跃调整内部颗粒的排列方式而达到新平衡状态的结果。

当含石量增大时，剪切面上的粗颗粒更加密集，因而抗剪强度-位移曲线跳跃得更加频繁。同样,法向应力增大使得块石间的咬合力增大,粗颗粒发生移动、旋转、跳跃对剪应力影响更大,因而同种含石量的试样法向应力较大时抗剪强度-位移曲线更加跳跃。

1)抗剪强度变化规律分析

试验中抗剪强度-位移曲线无明显峰值,依据《公路土工试验规程》(JTG 3430—2020),试验采用剪切位移30mm(剪切盒尺寸的1/10)时的剪应力作为抗剪强度,见表2.17。图2.37是不同含石量宕渣填料试样的抗剪强度变化曲线。

不同含石量宕渣的抗剪强度(单位:kPa)　　表2.17

法向应力(kPa)	含石量					
	25%	35%	45%	55%	65%	75%
100	83.4	87.6	90.93	103.2	98.76	102.8
200	151.6	160.2	168.9	178.8	187.5	194.1
400	298.8	339.7	359.2	373.7	379.6	384.4
600	388.4	438.9	472.7	530.4	541.6	559.4

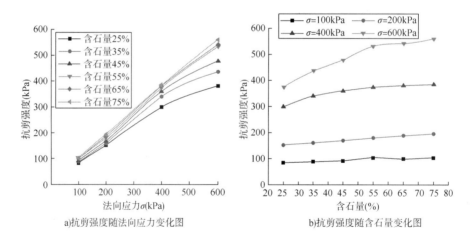

a)抗剪强度随法向应力变化图　　b)抗剪强度随含石量变化图

图2.37　不同含石量宕渣填料试样的抗剪强度变化

由图2.37a)可看出,试样的抗剪强度随着法向应力增加,基本呈线性增大趋势,且随着含石量的增大,曲线随之变陡,说明含石量越大,这种增加的趋势越明显;法向应力较低时,各含石量试样的抗剪强度变化不大,在图2.37b)中表现为曲线很平缓,法向应力逐渐增大,曲线由平缓向陡峭发展。原因分析:法向应力较小时,各含石量试样没有被压密实,试样中粗颗粒之间的接触不紧密,咬合力较小,对剪应力影响较小,故各试样的抗剪强度较低且变化不大;较大法向应力作用下,试验挤压密实,粗颗粒间的咬合力和摩擦力对剪应力的影响逐渐增大,达到固定位移时需要的剪应力增加,因而试样的抗剪强度随着法向应力的增大而增大,且含石量增大提高了块石之间形成咬合的概率,试样中粗颗粒的咬合越多则达到固定位移时需要的剪应力越大,因此在大法向应力作用下,含石量对抗剪强度的影响变得更明显。

2)抗剪强度指标特征

采用 Mohr-Coulomb 破坏准则[式(2.14)],拟合得到各含石量土石混合料的抗剪强度如图 2.38 所示,抗剪强度指标统计见表 2.18。

$$\tau = c + \sigma \tan\varphi \tag{2.14}$$

式中:τ——抗剪强度(kPa);

σ——法向应力(kPa);

c——黏聚力(kPa);

φ——内摩擦角(°)。

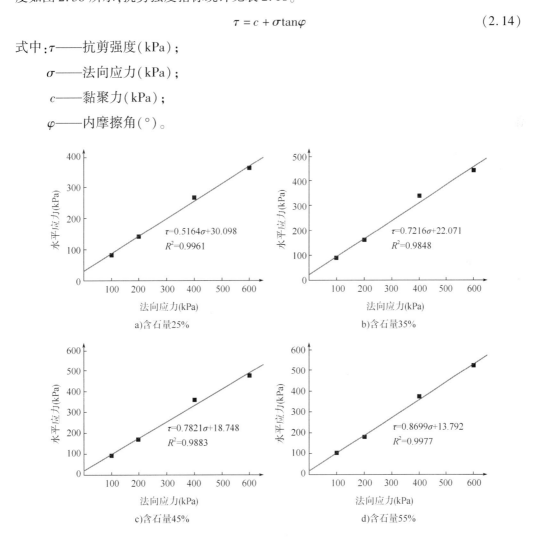

图 2.38

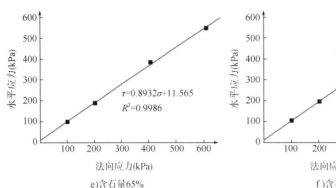
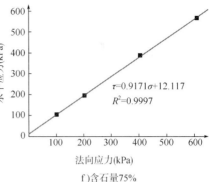

e) 含石量65%   f) 含石量75%

图2.38　不同含石量宕渣填料抗剪强度

土石混合料试样的抗剪强度指标　　表2.18

含石量(%)	黏聚力 c(kPa)	内摩擦角 φ(°)	相关系数 R^2
25	28.9	31.8	0.9961
35	22.1	35.8	0.9848
45	18.7	38.0	0.9883
55	13.8	41.0	0.9977
65	11.6	41.8	0.9986
75	12.1	42.5	0.9997

表2.18中线性拟合的相关系数 R^2 值均大于0.98,说明土石混合料试样存在法向应力。法向应力在600kPa之内采用Mohr-Coulomb破坏准则比较合适。试样的抗剪切强度指标随含石量变化曲线如图2.39所示,内摩擦角 φ 随含石量增加而增大,黏聚力 c 随之减小,含石量较小时这种变化趋势非常明显,表现为曲线较"陡峭";含石量较大时这种变化趋势减弱,表现为曲线稍微"平缓",说明含石量大于某个值时,其对黏聚力和内摩擦角的影响大大减弱。

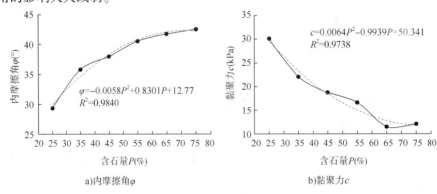

a) 内摩擦角 φ　　b) 黏聚力 c

图2.39　宕渣填料抗剪强度指标值随含石量变化

为进一步了解宕渣填料抗剪强度指标随含石量变化特性,项目开展了全风化细粒料宕渣填料的抗剪强度试验,即取宕渣填料的含石量为0,进行大型直剪切试验。试验得含石量为0的宕渣填料的抗剪强度如图2.40所示。试验结果表明,含石量为0的宕渣填料黏聚力$c_0 = 38.5 \text{kPa}$,内摩擦角$\varphi_0 = 24.9°$。

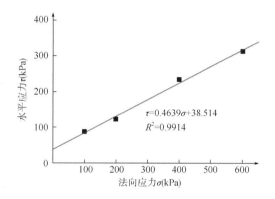

图2.40　含石量为0的宕渣填料的抗剪强度

对上述试验得到的不同含石量条件下宕渣填料的抗剪强度指标进行整理,得到黏聚力c值和内摩擦角φ随含石量的变化情况,如图2.41所示。张敏超等人提出了土石混合料黏聚力随含石量变化的经验公式符合幂函数,见式(2.15),内摩擦角含石量变化的经验公式符合Logistic曲线,见式(2.16)。

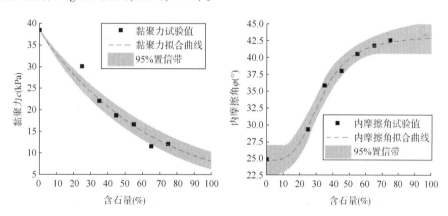

图2.41　宕渣填料抗剪强度指标随含石量的变化

$$c = c_0 \mathrm{e}^{-\alpha p} \tag{2.15}$$

$$\varphi = \frac{\varphi_0 - \varphi_{100}}{1 + \left[\dfrac{P}{(\varphi_0 + \varphi_{100})/2}\right]^b} \tag{2.16}$$

式中:c——某含石量土石混合料的黏聚力(kPa);

φ——某含石量土石混合料的内摩擦角(°);

P——含石量(%);

c_0——0%含石量(最大粒径小于5mm)试样的黏聚力(kPa);

φ_0——0%含石量(最大粒径小于5mm)试样的内摩擦角(°);

φ_{100}——100%含石量(最小粒径大于5mm)试样的内摩擦角(°);

a、b——拟合参数。

从图2.41a)中可看出,黏聚力整体随含石量增大而下降,含石量大于60%后黏聚力变化曲线较缓,黏聚力的减小速率稍变慢,说明含石量对黏聚力的影响减弱。出现这一现象的主要原因为:黏聚力主要包括颗粒间的胶结力、接触点的化合价键、颗粒结合水膜上的静电引力和表观黏聚力等,本试验采用的是快剪试验,因此接触点化合价键可以忽略,而颗粒间咬合作用力的增强会使得表观黏聚力增大。低含石量试样为悬浮-密实结构,块石颗粒骨架没有形成或者很少,颗粒间的咬合力小,含石量增大使得土体基质减少,引起颗粒间的胶结力、结合水膜的静电引力减小,虽然颗粒间的咬合力有所增大,但不是控制土石混合体黏聚力的主要因素,故黏聚力迅速减小;当含石量大于70%后,块石颗粒骨架已经形成,试样逐渐变为骨架-空隙结构,土体基质的密实度随着含石量的增加减小,孔隙率变大,颗粒间咬合作用变大,抵消了胶结力、结合水膜的静电引力的减小,故黏聚力的减小速率变小,曲线相对前段较缓。

从图2.41b)中可看出,拟合曲线和试验值相差不大,拟合结果良好,内摩擦角试验值基本呈"S"形分布:含石量为0~20%时,内摩擦角变化不大;含石量在20%~70%之间时,内摩擦角迅速增大;含石量大于70%之后,内摩擦角的变化趋势又变得平稳。原因分析:土石混合料的内摩擦角主要由颗粒滑动摩擦力和咬合摩擦力决定,滑动摩擦力受到构成颗粒的矿物性质及颗粒之间的接触方式等影响,咬合摩擦力则与颗粒的大小、形状及是否形成有效接触等因素相关。低含石量试样为悬浮-密室结构,块石颗粒被土颗粒分隔开来,块石间没有形成骨架作用,试样的咬合摩擦力较小,试验基本呈现土体特征,内摩擦角主要由颗粒间的滑动摩擦力控制,变化较为缓慢;随着含石量增加,试样发展为骨架-密实结构,块石颗粒增多而逐渐形成骨架,相互接触咬合的概率增大,内摩擦角快速增大;含石量达到70%时,试样逐渐变为骨架-空隙结构,块石形成骨架效应,土颗粒不能密实地充填于骨架的空隙中,且随着含石量增加试样中的空隙比越大,虽然块石颗粒的增加会使得咬合作用增强,但孔隙比的增大使得土颗粒间的滑动摩擦力减小,因而含石量大于70%后内摩擦角的增大趋势迅速减弱,平缓发展。

2.6　本章小结

通过对宕渣填料的一系列基本物理性能试验和工程力学性能试验分析可知：

(1)根据现场填料的筛分试验和级配曲线可知，依托工程宕渣填料属于级配良好砾，含石量在35%~70%之间。强夯可以动力冲击作用击碎和压实土体，能起到改良填料颗粒级配的作用，有助于提高路堤建设的质量。

(2)宕渣填料最大干密度先随含石量的增加而增大，到含石量达到75%左右时，宕渣填料的最大干密度随着含石量的增加而减小，且减小的速率较增大的速率小。宕渣填料的最佳含水率随着含石量增加而减小，当含石量大于75%后，最佳含水率基本平稳。

(3)宕渣填料的CBR值随着含石量的增大而增大，膨胀量随着含石量的增大而减小，填料中的石料可提高材料的承载能力，降低填料的膨胀性，宕渣填料可作为一种良好的填筑材料。

(4)宕渣填料的无侧限抗压强度在最佳含水率处达到最大值，且随含石量的增大而增大，直至含石量55%时其无侧限抗压强度达到最大，而后缓慢减小。

(5)含石量和含水率对宕渣填料的压缩特性影响较大。随着含石量的增加，宕渣填料的压缩变形量逐渐减小，含石量对宕渣填料变形的影响逐渐减弱；当含水率在一定范围内时，宕渣填料的压缩变形量随着含水率的增大而减小，当含水率超过一定范围时，含石量越高的宕渣填料容易在较低的外荷载的作用下发生蠕变，压缩变形量增大，压缩稳定时间变长。

(6)黏聚力c和内摩擦角φ与含石量均具有非线性关系，黏聚力随含石量增加而下降，当含石量在0~70%之间时，黏聚力减小迅速；当含石量大于70%后，黏聚力的减小速率稍变慢。内摩擦角基本呈"S"形分布，含石量在0~20%之间时，内摩擦角变化不大；含石量在20%~70%之间时，内摩擦角迅速增大；含石量大于70%之后，内摩擦角的变化趋势又变得平稳。

3

CHAPTER 3

山区陡坡高填方路堤稳定性控制措施研究

3.1 宕渣高填方路堤变形影响因素分析

3.1.1 数值分析模型的建立

ABAQUS 是一套功能强大的基于有限元方法的工程模拟软件,可以解决从相对简单的线性分析到极富挑战性的非线性模拟等各种问题。ABAQUS 拥有丰富的单元库及相应的材料模型库,可以模拟大多数典型工程材料的性能,包括金属、橡胶、高分子材料、复合材料、钢筋混凝土、可压缩的弹性泡沫以及土和岩石在内的地质材料。作为通用的模拟计算工具,ABAQUS 能模拟和研究各种领域的问题,包括结构分析、热传导、质量扩散、电子元件的热控制(热电耦合分析)、声学分析、岩土力学分析(流体渗透-应力耦合分析)及压电介质分析等。ABAQUS 与其他诸多大型有限元软件相比,最大的优势在于能处理不同材料及特殊介质的组合问题和复杂的接触碰撞等高度非线性问题。

ABAQUS 为用户提供了广泛的功能,使用较为方便,即使是最复杂的问题也可以容易地建立模型。对于多部件问题,可以通过对每个部件定义合适的材料模型,然后组装成几何构形。对于大多数模拟,包括高度非线性问题,用户也只需要提供如结构几何形状、材料性能、边界条件和载荷工况等工程参数。在非线性分析中,ABAQUS 能人工定义或自动选择合适的载荷增量和收敛准则,在分析时,不仅能选择这些参数,而且还能根据分析的需要不断地调整这些参数,以确保获得精确的解答。

岩土材料本身的特性决定了涉及岩土工程的问题都将是十分复杂的,采用 ABAQUS 对于进行岩土工程问题的分析和研究有其强大的优势。具体表现在以下几个方面:

(1)完备的单元库和针对岩土问题的分析模块。岩土材料作为三相介质,在研究和分析问题时往往需要考虑孔隙水,对于此类问题,使用 ABAQUS 提供的"孔隙水压力单元(Pore Pressure Element)"便能轻松得到解决。孔隙水压力单元可以用于模拟饱和土和非饱和土的孔隙水压力特性。孔隙水压力单元能用于岩土材料的渗流分析(Soil Analysis)和地基应力平衡分析(Geostatic Analysis)。此外,用户还可根据分析的需要,采用用户子程序(UEL)定义新的单元类型。

(2)提供多种岩土材料的本构模型。ABAQUS 提供了完备的材料库,包括各种弹性、弹塑性、超弹性材料的本构模型以及热固耦合、流固耦合的本构模型。ABAQUS 包括许多针对岩土材料的本构模型。如:塑性硬化和软化模型、Mohr-Coulomb 模型、修正剑桥模型、Drucker-Prager 模型、Clay-plasticity 模型以及 Porous Material plasticity 模型等。用户还能根据需要采用 UMAT 用户子程序定义新的本构模型,ABAQUS 方便的三次开发功能使得分析更为得心应手。

(3)强大的非线性问题的处理能力。ABAQUS 软件最大的优势就是对于复杂材料、荷载以及接触条件等多重非线性组合问题的处理,这十分适合对岩土工程问题的研究。ABAQUS 将非线性问题分为材料非线性、几何非线性和边界条件非线性三大类,本书的模拟便涉及材料非线性和几何非线性分析。

基于上述几个方面的综合考虑,本书强夯数值模拟选择 ABAQUS 有限元软件。

3.1.1.1 基本假定

对于数值模拟的模型,有如下说明和假定:

(1)由于道路为条形建筑物,所以将路堤简化为二维模型,将路堤的变形及稳定性问题处理为平面应变问题。

(2)模型计算得到的变形值为路堤施工期变形量与工后变形量之和。

(3)在计算过程中,认为材料的各项力学参数均保持不变。

(4)除土体自身重力外,不考虑其他因素对路堤变形及稳定性影响。

(5)根据依托工程实际情况,地基条件良好,承载力大,所以在模拟过程中,仅考虑路基自身变形及破坏,不考虑地基对路堤产生的影响。

(6)模型采用分层加载的形式模拟真实情况下路堤的分层填筑。

3.1.1.2 本构模型

ABAQUS 中内置了多种本构模型适合岩土工程的数值模拟,其中摩尔-库仑模型是最常使用的本构模型之一。摩尔-库仑模型具有模型公式简单、参数便于获取等优点。由于本书不考虑时间因素对沉降产生的影响,而且宕渣填料路堤由宕渣填筑而成,摩尔-库仑模型能较好地反映出压实后的宕渣力学性质,所以,采用摩尔-库仑模型作为数值模拟计算中路堤填料的本构模型。

摩尔-库仑模型的屈服面公式如下,屈服面(π 平面)上模型屈服曲线如图 3.1 所示。

$$f = R_{mc}q - p\tan\varphi - c \tag{3.1}$$

$$R_{mc} = \frac{1}{\sqrt{3}\cos\varphi}\sin\left(\theta + \frac{\pi}{3}\right) + \frac{1}{3}\cos\left(\theta + \frac{\pi}{3}\right)\tan\varphi \tag{3.2}$$

式中：p——平均应力；

q——偏应力；

φ——材料的内摩擦角；

c——材料的黏聚力；

θ——极偏角，定义为 $\cos(3\theta) = \dfrac{r^3}{q^3}$，其中 r 是第三偏应力不变量。

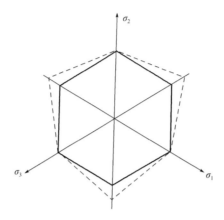

图 3.1　π 平面上模型屈服曲线

3.1.1.3　模拟工况

根据依托工程区域地形和路基设计图，建立不同的数值模拟模型，研究路基填高、原地面坡度、土工格栅、路基压实度和路基边坡坡度对高填方宕渣填料路堤变形的影响。模型以道路中线路基顶面距离地基的高度作为填高 H，设计 40m、50m、60m 三组路基填高。以地基坡面与水平面的夹角称为原地面坡度 α，分别设计 0°、15°、30°、45° 四组原地面坡度。根据规范和路基设计图，设计两组不同的边坡坡度方案。每组方案的路基顶面下前四级边坡坡率相同，分别 1∶1.5、1∶1.5、1∶1.75、1∶1.75，第一组路基剩余边坡坡率为 1∶1.75，第二组路基剩余边坡坡率为 1∶2。设置一组路基顶面加铺土工格栅的工况作为对照组，研究土工格栅对路堤变形及稳定性的影响。根据项目实际情况，在最顶层的两层路基内部增加土工格栅，每层土工格栅的间距为 1m，共设置 16 层，土工格栅的弹性模量为 38.7GPa，泊松比为 0.25，单位横截面面积为 0.00015m³。模拟工况中设置 2 种不同压实度的宕渣，用来研究路基压实度对路堤变形和稳定性的影响。根据规范要求，当原地面坡率大于 1∶5 时地基边坡需要开挖台阶，台阶宽度不小于 2m。在路基高边坡上选择 11 个路基边坡水平位移观测点，从高到低命名为 1～11 号观测点。模型示意图如图 3.2 所示。根据地勘报告和相关研究资料，计算参数见表 3.1。

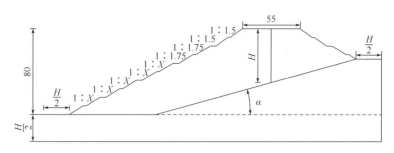

图 3.2　模型示意图(尺寸单位:m)

材料参数表　　　　　　　　　　　表 3.1

材料	弹性模量 $E(\text{kPa})$	泊松比	密度 (g/cm^3)	黏聚力 (kPa)	内摩擦角 $(°)$
地基	36000	0.2	2.3	1043	28
宕渣填料(低压实度)	35	0.3	2.1	15	40
宕渣填料(高压实度)	55	0.3	2.2	21	42

3.1.2　路基变形影响因素分析

由于本章数值模拟工况较多,为更好地揭示各因素对路基变形的影响,如果没有特殊说明,后文的数值模拟结果分析以低压实度宕渣填料、第二组路基边坡坡率设计方案、路基顶层不增加土工格栅的模拟工况作为主要研究对象。

3.1.2.1　填方高度对路基变形的影响

随着填方高度的不同,路基内部各处的应力应变也有所不同,这就导致不同填高的路基变形也有所差异。为了研究不同填高对路基变形的影响,在相同原地面坡度下,对填高分别为 40m、50m、60m 的路基进行对比分析。将不同填高下原地面坡度为 0°和 30°的路基水平位移云图、沉降云图作为典型云图,如图 3.3~图 3.5 所示。相同原地面坡度下,不同填高的路基边坡水平位移曲线和路基顶面沉降量曲线如图 3.6 所示。各工况下路基边坡最大水平位移量和路基顶面最大沉降量见表 3.2。相同原地面坡度下,不同路基填高的路基沉降差值及增长率、路基边坡最大水平位移差值及增长率见表 3.3、表 3.4。

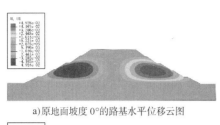
a) 原地面坡度0°的路基水平位移云图

b) 原地面坡度0°的路基沉降云图

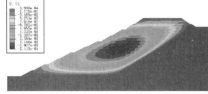
c) 原地面坡度30°的路基水平位移云图

d) 原地面坡度30°的路基沉降云图

图3.3　路基填高40m的路基变形云图

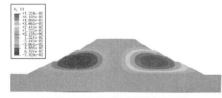
a) 原地面坡度0°的路基水平位移云图

b) 原地面坡度0°的路基沉降云图

c) 原地面坡度30°的路基水平位移云图

d) 原地面坡度30°的路基沉降云图

图3.4　路基填高50m的路基变形云图

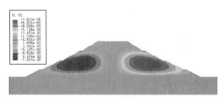
a) 原地面坡度0°的路基水平位移云图

b) 原地面坡度0°的路基沉降云图

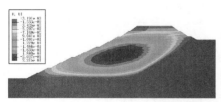
c) 原地面坡度30°的路基水平位移云图

d) 原地面坡度30°的路基沉降云图

图3.5　路基填高60m的路基变形云图

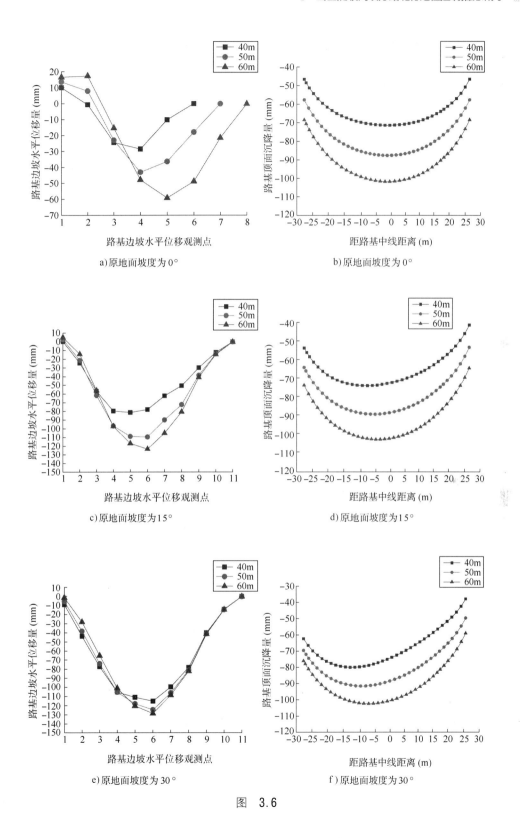

图 3.6

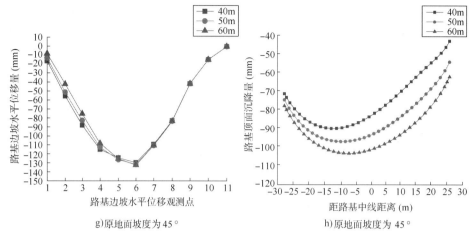

g) 原地面坡度为45°   h) 原地面坡度为45°

图3.6 不同路基填高的路基边坡水平位移曲线和路基顶面沉降曲线

不同工况的路基变形最大值表（单位：mm）   表3.2

原地面坡度(°)	路基边坡最大水平位移			路基顶面最大沉降量		
	填高40m	填高50m	填高60m	填高40m	填高50m	填高60m
0	28.54	43.03	59.26	71.44	87.66	101.83
15	81.31	109.51	123.46	74.29	89.66	102.42
30	115.12	124.56	128.64	80.07	91.61	103.13
45	129.75	131.71	132.36	89.56	96.71	103.28

不同路基填高的路基沉降差值及增长率   表3.3

填高(m)	原地面坡度							
	0°		15°		30°		45°	
	差值(mm)	增长率(%)	差值(mm)	增长率(%)	差值(mm)	增长率(%)	差值(mm)	增长率(%)
40	0.00	0.00	0.00	0.00	0.00	0.00	0.00	0.00
50	14.49	50.77	28.20	34.68	9.44	8.20	1.96	1.51
60	30.72	107.64	42.15	51.84	13.52	11.74	2.61	2.01

不同路基填高的路基边坡水平位移差值及增长率   表3.4

填高(m)	0°		15°		30°		45°	
	差值(mm)	增长率(%)	差值(mm)	增长率(%)	差值(mm)	增长率(%)	差值(mm)	增长率(%)
40	0.00	0.00	0.00	0.00	0.00	0.00	0.00	0.00
50	16.22	22.70	15.37	20.69	11.54	14.41	7.15	7.98
60	30.39	42.54	28.13	37.87	23.06	28.80	13.72	15.32

由图 3.3~图 3.5 可以看出,相同原地面坡度下,不同填高的路基变形云图较为相似,表明不同填高的路基在相同原地面坡度下变形规律相似。路基变形云图显示,路基沉降的最大值出现在路基高度 1/3~2/3 处,路基边坡水平位移的最大值也出现在路基高度的 1/3~2/3 处。数值模拟水平位移规律与现场监测的水平位移规律相似。

由图 3.6 可以看出,路基边坡水平位移最大值与路基填高呈正相关,路基填高越大,路基边坡水平位移越大。不同填高的路基边坡水平位移变化曲线相似,均呈现先增加后减小的趋势。当原地面坡度为 0°时,不同填高的路基边坡水平位移最大值出现在路基填高 1/3~1/2 高度处;当原地面坡度大于 0°时,路基边坡水平位移最大值出现在路基高度的 1/2 附近处;路基顶面沉降最大值与路基填高呈正相关,路基填高越高,路基顶面沉降越大。相同原地面坡度的路基顶面沉降曲线大致相似,路基顶面沉降先随着距路基中线的距离减少而增加,到达路基顶面沉降最大值后,路基顶面沉降逐渐减小。

由表 3.3、表 3.4 可以看出,当原地面坡度为 0°时,随着填方高度的增加,路基顶面沉降和路基边坡位移增长速度逐渐加大;当边坡高度和原地面坡度一定的情况下,路基顶面沉降和路基边坡水平位移增长速率随填方高度的增加而减小。

3.1.2.2 原地面坡度对路基变形的影响

山区由于地表起伏,路基下方的原地面坡度也变化多样。对于高填方路堤而言,不同的原地面坡度会对路基变形产生不同的影响。为研究原地面坡度对路基变形的影响,在相同填高下,对原地面坡度为 0°、15°、30°和 45°的路基进行对比分析。将填高为 50m 的不同原地面坡度下路基变形云图作为典型云图,如图 3.4、图 3.7 所示。相同填高下,不同原地面坡度的路基边坡水平位移曲线和路基顶面沉降曲线如图 3.8 所示。在相同边坡高度和路基填高下,不同原地面坡度的路基边坡最大水平位移量和路基顶面最大沉降量增长率见表 3.5、表 3.6。不同原地面坡度的路基顶面不均匀沉降量见表 3.7。不同工况下路基顶面最大沉降量位置见表 3.8。

a) 原地面坡度 15°的路基水平位移云图　　b) 原地面坡度 15°的路基沉降云图

图 3.7

c) 原地面坡度45°的路基水平位移云图

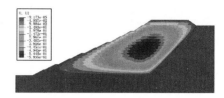
d) 原地面坡度45°的路基沉降云图

图 3.7　路基填高 50m 的路基变形云图

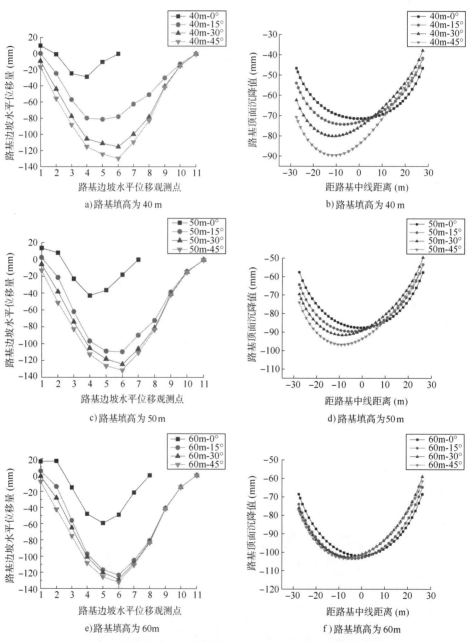

图 3.8　不同原地面坡度的路基边坡水平位移曲线和路基顶面沉降曲线

不同原地面坡度的路基边坡水平位移增长率　　　　　表3.5

原地面坡度	填高					
	40m		50m		60m	
	差值(mm)	增长率(%)	差值(mm)	增长率(%)	差值(mm)	增长率%
15°	0	0	0	0	0	0
30°	5.78	7.78	1.95	2.17	0.71	0.69
45°	15.27	20.55	7.05	7.86	0.86	0.84

不同原地面坡度的路基沉降增长率　　　　　表3.6

原地面坡度	填高					
	40m		50m		60m	
	差值(mm)	增长率(%)	差值(mm)	增长率(%)	差值(mm)	增长率(%)
15°	0	0	0	0	0	0
30°	33.81	41.58	15.05	13.74	5.18	4.20
45°	48.44	59.57	22.20	20.27	8.90	7.21

不同原地面坡度的路基顶面不均匀沉降(单位:mm)　　　　　表3.7

原地面坡度	填高					
	40m		50m		60m	
	路基两端沉降差	最大沉降差	路基两端沉降差	最大沉降差	路基两端沉降差	最大沉降差
0°	0.00	24.83	0.00	29.97	0.00	33.34
15°	-12.32	32.71	-10.86	36.16	-9.30	38.58
30°	-24.50	42.18	-19.87	41.93	-15.80	41.63
45°	-28.70	47.50	-20.64	43.29	-17.12	43.42

不同工况下路基顶面最大沉降位置(单位:m)　　　　　表3.8

原地面坡度	填高		
	40m	50m	60m
0°	0	0	0
15°	-7.44	-4.77	-2.99
30°	-11.02	-8.28	-5.58
45°	-11.84	-8.66	-5.9

由图 3.8 和表 3.5 可以看出,原地面坡度与路基边坡水平位移量呈正相关,当路基填方高度一定时,路基边坡水平位移量随原地面坡度增加而增加。当边坡高度一定时,随着原地面坡度从 15°增加到 45°时,路基边坡最大水平位移量的增长率从填高 40m 的 59.87% 降低到填高 60m 的 7.21%,表明随着填高的增加,原地面坡度对路基边坡水平位移量的影响越来越小。

由图 3.8、表 3.6 和表 3.7 可以看出,原地面坡度与路基顶面最大沉降量呈正相关,当路基填方高度一定时,路基顶面最大沉降量随路基倾角增加而增加。当路基边坡高度一定时,随着原地面坡度从 15°增加到 45°,路基顶面最大沉降量的增长率从填高 40m 的 20.55% 降低到填高 60m 的 0.84%,表明随着填高的增加,原地面坡度对路基顶面沉降的影响越来越小。

由表 3.7 和表 3.8 可以看出,当填方高度一定时,随着路基倾角的增加,路基的不均匀沉降量越来越大,路基的最大沉降量出现的地方也越来越靠近路基高边坡一侧。当边坡高度和填高一定时,路基两端沉降差、路基最大沉降差的增长速率减缓,路基顶面最大沉降量靠近路基高边坡的速度在减慢,表明随着路基填高的增加,原地面坡度对路基顶面沉降量规律的影响能力逐渐减弱。

3.1.2.3 路基边坡坡度对路基变形的影响

当宕渣填料高填方路堤填筑采用不同的边坡坡度方案时,由于边坡坡度的改变,路基的几何形状产生变化,路基内部的应力应变也产生变化,进而影响到路基的变形。为研究路基边坡坡度对路基变形的影响,对两组不同的路基边坡坡度设计方案下路基的变形进行对比分析。以填高 50m、不同原地面坡度下的两组不同边坡设计方案的路基变形云图作为典型云图,如图 3.4、图 3.7 和图 3.9 所示,计算两组边坡设计方案的路基顶面最大沉降差值,结果见表 3.9。绘制两组边坡设计方案的路基边坡水平位移曲线,如图 3.10 所示。计算不同工况下路基边坡位移最大差值及变化率,见表 3.10。计算不同工况下路基边坡最大水平位移处的水平位移差值及变化率,见表 3.11。

a) 原地面坡度 0°的路基水平位移云图　　　　b) 原地面坡度 0°的路基沉降云图

图　3.9

c) 原地面坡度15°的路基水平位移云图

d) 原地面坡度15°的路基沉降云图

e) 原地面坡度30°的路基水平位移云图

f) 原地面坡度30°的路基沉降云图

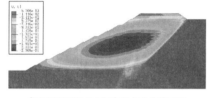
g) 原地面坡度45°的路基水平位移云图

h) 原地面坡度45°的路基沉降云图

图 3.9　第一组路基边坡坡度设计方案下路基填高 50m 的路基变形云图

两组路基边坡坡度设计方案的路基顶面最大沉降差值　　　　　表3.9

原地面坡度	填方高度		
	40m	50m	60m
	最大沉降差值(mm)	最大沉降差值(mm)	最大沉降差值(mm)
0°	0.79	0.03	0.03
15°	0.74	0.02	0.02
30°	0.28	0.01	0.00
45°	0.19	0.01	0.00

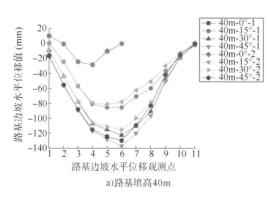
a) 路基填高40m

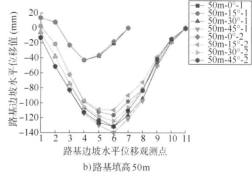
b) 路基填高50m

图　3.10

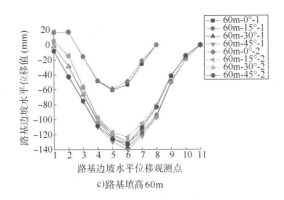

c) 路基填高60m

图3.10 两组路基边坡坡度设计方案的路基边坡水平位移曲线

两组路基边坡坡度设计方案的路基边坡最大水平位移差值及增长率　　表3.10

原地面坡度	40m		50m		60m	
	差值（mm）	增长率（%）	差值（mm）	增长率（%）	差值（mm）	增长率（%）
0°	0.36	3.39	2.53	12.32	4.47	8.38
15°	9.08	11.15	10.11	12.25	13.05	13.92
30°	12.38	13.66	13.05	13.83	13.32	13.92
45°	13.26	13.78	13.61	14.00	13.70	14.12

两组路基边坡坡度设计方案的路基边坡最大水平位移处水平位移差值　　表3.11

原地面坡度	40m		50m		60m	
	差值（mm）	增长率（%）	差值（mm）	增长率（%）	差值（mm）	增长率（%）
0°	0.07	0.26	0.23	0.53	1.52	2.45
15°	7.45	8.01	7.08	5.72	7.67	5.53
30°	7.52	5.78	7.74	5.54	7.92	5.48
45°	7.92	5.47	7.85	5.31	7.69	5.19

由图3.4、图3.7和图3.9可以看出,相同填高和原地面坡度下,不同路基边坡设计方案的变形云图相似,表明不同的路基边坡设计方案对路基整体变形规律影响较小。

由表3.9可以看出,在不同的边坡坡度设计方案下,各工况路基顶面沉降差值最大为0.79mm,相对于该工况下路基顶面最大沉降量28.54mm,仅减少了2.77%,表明路基边坡坡度的改变对路基沉降影响较小。

由图 3.10 可以看出，不同边坡设计方案的边坡水平位移曲线相似，表明不同路基边坡坡度设计方案对路基边坡水平位移变化趋势影响较小。当路基填高和原地面坡度一定时，两种不同边坡方案的路基边坡水平位移在 5 号观察点处开始有明显变化，路基边坡水平位移差值逐渐增加，在 8 号观察点处达到最大差值，然后逐渐减小，到 11 号观察点处为 0。根据路基边坡设计方案可知，各工况路基顶面下前 4 级边坡坡度一致，从第五级边坡开始，路基边坡坡度发生变化。从相同填高和原地面坡度下不同边坡设计方案的水平位移曲线可以看出，路基边坡水平位移在第 4 级边坡处开始变化，在第 7 级边坡处变化量最大，表明路基边坡坡度变化会对邻近的边坡水平位移产生较大的影响。当若干级边坡坡度发生改变时，对路基边坡水平位移影响最大的范围集中于这些边坡的 1/2 高度处。

从表 3.10 和表 3.11 可以看出，不同边坡坡度设计方案下路基边坡最大水平位移差值变化率和路基边坡最大水平位移处的水平位移差值变化率变化趋势相反。路基边坡最大水平位移差值变化率随着路基填方高度的增大而增大，随着原地面坡度的增大而增大；路基边坡最大水平位移处的水平位移差值变化率随着填方高度的增加而减小，随着原地面坡度的增大而减小。

综上所述，使用较小的路基边坡坡度，虽然对路基沉降影响较小，但是可以减小路基边坡水平位移。随着填方高度和原地面坡度的增加，采用更小的路基边坡坡度可以增加路基最大水平位移减少量，但对路基最大水平位移处的减少量却在降低，表明路基边坡坡度对路基变形的影响随着填方高度和原地面坡度的增加而减小。

3.1.2.4 土工格栅对路基变形的影响

为研究土工格栅对高填方路基变形的影响，设置路基中摊铺土工格栅和不摊铺土工格栅的两种工况，对两种工况下的路基变形进行对比分析。把填高 50m、不同原地面坡度下两组工况的路基变形云图作为典型云图，如图 3.4、图 3.7 和图 3.11 所示。计算不同填方高度、不同原地面坡度和不同边坡坡度设计方案下两种工况的路基顶面最大沉降差值和路基边坡最大水平位移差值，结果见表 3.12、表 3.13。

a)原地面坡度 0°的路基水平位移云图　　b)原地面坡度 0°的路基沉降云图

图 3.11

c)原地面坡度15°的路基水平位移云图

d)原地面坡度15°的路基沉降云图

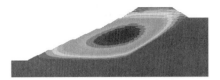
e)原地面坡度30°的路基水平位移云图

f)原地面坡度30°的路基沉降云图

g)原地面坡度45°的路基水平位移云图

h)原地面坡度45°的路基沉降云图

图3.11 加铺土工格栅下路基填高50m的路基变形云图

两种工况的路基边坡水平位移最大差值(单位:mm) 表3.12

原地面坡度	路基填高					
	40m		50m		60m	
	方案1	方案2	方案1	方案2	方案1	方案2
0°	-0.14	-0.15	-0.16	-0.15	-0.06	-0.01
15°	-0.08	-0.12	-0.19	-0.08	-0.06	-0.06
30°	-0.29	-0.33	-0.16	-0.21	-0.09	-0.08
45°	-1.21	-1.59	-0.80	-0.65	-0.53	-0.47

两种工况的路基顶面最大沉降差值(单位:mm) 表3.13

原地面坡度	路基填高					
	40m		50m		60m	
	方案1	方案2	方案1	方案2	方案1	方案2
0°	-0.07	-0.05	-0.05	-0.09	-0.04	0.00
15°	-0.05	-0.08	-0.07	-0.05	-0.03	-0.05
30°	-0.20	-0.09	-0.02	-0.07	-0.01	0.00
45°	-0.08	-0.44	-0.01	-0.05	-0.19	-0.09

由图3.4、图3.7和图3.11可以看出,土工格栅对路基变形规律影响较小。

由表3.12和表3.13可以看出,各工况下路基边坡位移变化最大值为1.59mm,该工况路基最大水平位移量为 129.75mm,变化率仅为 1.22%;各工况下路基边坡位移变化最大值为 0.44mm,该工况路基最大沉降量为 89.56mm,变化率仅为 0.49%。综上可以认为,路基顶层摊铺土工格栅对高填方路基变形基本没有影响。

3.1.2.5 路基压实度对路基变形的影响

宕渣强度与宕渣的压实度有关,当压实度增大时,宕渣的强度也随之增大,进而使路基的变形也产生变化。为研究高填方路堤在不同压实度下的变形规律,对两组不同压实度的路基变形进行分析研究。把填高为 50m、不同原地面坡度下的两组不同压实度的路基变形云图作为典型云图,如图 3.4、图 3.7 和图 3.12 所示。绘制不同压实度下路基边坡水平位移曲线和路基顶面沉降曲线,如图 3.13 所示。计算不同压实度下,路基边坡最大水平位移差值,结果见表 3.14。计算不同压实度下路基顶面最大沉降量差值,结果见表 3.15。计算高压实度路基的路基顶面不均匀沉降,结果见表 3.16。

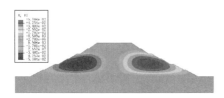
a)原地面坡度 0°的路基水平位移云图

b)原地面坡度 0°的路基沉降云图

c)原地面坡度 15°的路基水平位移云图

d)原地面坡度 15°的路基沉降云图

e)原地面坡度 30°的路基水平位移云图

f)原地面坡度 30°的路基沉降云图

g)原地面坡度 45°的路基水平位移云图

h)原地面坡度 45°的路基沉降云图

图 3.12　高压实度路基在路基填高 50m 的路基变形云图

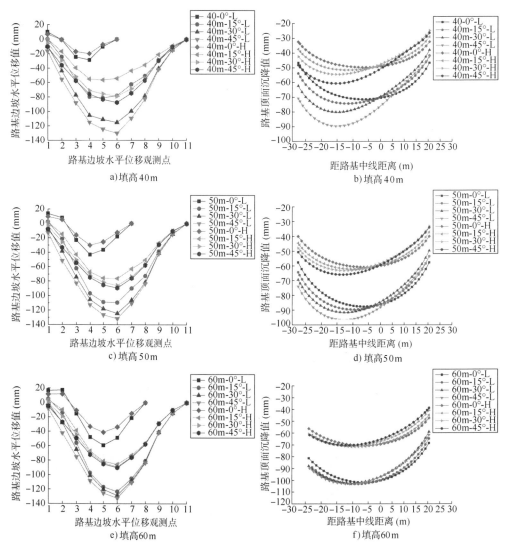

图 3.13 不同填土高度下路基边坡水平位移和路基顶面沉降曲线

注：L 表示低压实度；H 表示高压实度。

不同压实度的路基边坡最大水平位移差值　　　表 3.14

原地面坡度	40m		50m		60m	
	差值（mm）	变化率（%）	差值（mm）	变化率（%）	差值（mm）	变化率（%）
0°	-8.62	30.19	-13.03	30.28	-17.97	30.32
15°	-24.78	30.48	-33.42	30.52	-37.75	30.58
30°	-36.31	31.54	-38.56	30.96	-39.57	30.76
45°	-42.18	32.51	-42.28	32.10	-42.16	31.85

不同压实度的路基顶面最大沉降差值 表3.15

原地面坡度	40m		50m		60m	
	差值（mm）	变化率（%）	差值（mm）	变化率（%）	差值（mm）	变化率（%）
0°	-21.82	30.54	-26.85	30.62	-31.26	30.69
15°	-22.70	30.56	-27.47	30.64	-31.71	30.96
30°	-25.56	31.92	-28.42	31.03	-31.54	30.58
45°	-28.88	32.25	-30.85	31.90	-32.78	31.74

高压实度路基不均匀沉降差值（单位：mm） 表3.16

原地面坡度	40m		50m		60m	
	路基两端沉降差	最大沉降差	路基两端沉降差	最大沉降差	路基两端沉降差	最大沉降差
0°	0.00	-17.31	0.00	20.79	0.00	23.11
15°	-8.50	-22.68	-7.49	25.06	-6.41	26.72
30°	17.73	29.84	-14.94	-30.15	-11.95	-30.15
45°	-21.85	-34.42	-16.74	-31.91	-14.55	-31.78

由图3.4、图3.7和图3.12可以看出，两种压实度的路基沉降云图和路基水平位移云图相似，表明增加路基压实度不会改变路基变形规律。

由图3.13可以看出，当路基增加压实度后，路基边坡水平位移曲线变化趋势不变，路基边坡水平位移减小；路基顶面沉降曲线变化趋势不变，路基顶面各点沉降减少。

由表3.14和表3.15可以看出，提高路基压实度对路基边坡最大水平位移量和路基顶面最大沉降量的减少有明显作用。当压实度提高时，路基最大水平位移量减少30.19%~32.51%，路基最大水平位移量减少30.54%~32.25%。对比不同原地面坡度和填方高度下路基沉降和边坡水平位移变化率可以发现，提高压实度对不同工况下的路基变形减小作用效果基本相似，表明通过提高路基压实度的方法来减小路基沉降和路基边坡水平位移具有普适性。

对表3.16和表3.7进行对比，可知低压实度路基的最大不均匀沉降为47.5mm，路基两端最大沉降差为28.7mm，高压实度路基的最大不均匀沉降为34.42mm，路基两端最大沉降差为21.85mm，由此可以看出，提高压实度可以在一定程度上减少路基顶端的不均匀沉降。

3.2 宕渣高填方路堤稳定性影响因素分析

3.2.1 数值分析模型的建立

3.2.1.1 安全系数的计算方法

在数值模拟中,计算路基安全系数最常用的方法是强度折减法。自20世纪70年代,Zienkiewicz等将抗剪强度折减系数的概念引入岩土工程中后,强度折减法成为研究岩土体稳定性的重要方法。强度折减法的原理是:通过降低岩土体的抗剪强度,在外荷载保持不变的情况下,当岩土体抗剪强度与岩土体受外荷载产生的剪应力相等时,这时岩土体实际抗剪强度与折减后的抗剪强度的比值即为岩土体的安全系数。在路基稳定性分析中,路基的抗剪强度主要取决于填料的黏聚力 c 和内摩擦角 φ,所以,在数值模拟时,对填料的黏聚力 c 和内摩擦角 φ 进行折减,当路基失稳时,这时的强度折减系数 f 就是路基的安全系数 F_s。

$$c' = \frac{c}{f} \tag{3.3}$$

$$\varphi' = \frac{\varphi}{f} \tag{3.4}$$

式中:c——填料的原始黏聚力;
φ——填料的原始摩擦角;
f——强度折减系数;
c'、φ'——折减后的填料黏聚力和摩擦角。

3.2.1.2 路基失稳判定方法

ABAQUS中,对于路基失稳的判定共有三种方法,分别是有限元计算不收敛、特征部位出现位移拐点和研究对象产生连续的塑性贯通区。对于这三种判断路基失稳的方法在有限元计算中如何使用,许多专家学者在不同有限元软件中对这个问题进行了许多研究和讨论。研究表明,采用单一的判定依据容易因为人为等其他因素导致失稳节点选择失误,进而误判失稳状态,使计算出的安全系数与真实安全系数误差较大,而采用多种失稳判定方法综合使用,可以有效地减少人为等因素对路基失稳状态的误判,增加了路基安全系数的可靠性。根据研究结果和计算模型,本书判定路基失稳时采用特征部位出现位移拐点作为主要判定依据,以路基内部产生连续的塑性贯通区作为辅助判定依据,综合判断路基是否失稳,确定路基安全系数。

3.2.2 路基稳定性影响因素分析

由于本章数值模拟研究对象较多,为更好地揭示各因素对路基稳定性的影响,如果没有特殊说明,后文的数值模拟结果分析以低压实度宕渣、第二组路基边坡坡度设计方案、路基顶层不增加土工格栅的工况作为主要研究对象。

3.2.2.1 填方高度对路基稳定性的影响

不同填高的路基安全系数如图3.14所示。

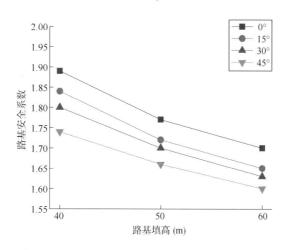

图3.14 不同路基填高的路基安全系数

由图3.14可知,当原地面坡度一定时,随着路基填方高度从40m增加到60m,路基安全系数减小了0.14~0.19,路基填高越大,路基安全系数越低。路基安全系数减小的原因是路基填高越高,路基内部由于自身重力产生的剪应力越大,这就导致当原地面坡度相同时,路基需要的抗剪强度越高,路基的安全系数越低。

3.2.2.2 原地面坡度对路基稳定性的影响

不同原地面坡度下路基失稳时的典型塑性云图如图3.15所示。不同原地面坡度的路基安全系数如图3.16所示。

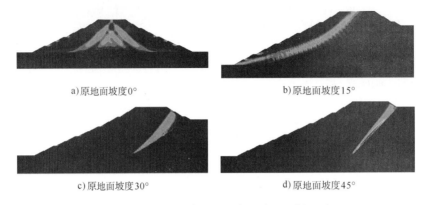

图 3.15 不同原地面坡度路基失稳典型塑性区域云图

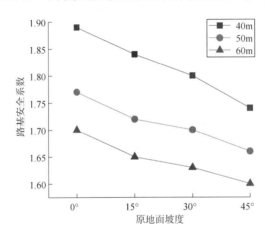

图 3.16 不同填方高度路基安全系数

由图 3.15 可知,随着原地面坡度的增加,路基失稳时塑性贯通区面积减小,位置越来越接近地基表面。

由图 3.16 可知,当填方高度一定时,路基安全系数随着原地面坡度的增加而减小。当填方高度为 40m、50m、60m 时,原地面坡度 0°与 45°的路基安全系数之差分别为 0.15、0.11、0.1,说明当填方高度增加时,原地面坡度对路基安全系数的影响在减弱。

结合路基失稳时的路基塑性云图(图 3.15),不同原地面坡度下路基安全系数变化的原因是路基填方高度一定时,路基重力在地基表面产生的下滑力随着原地面坡度的增加而增加,这导致路基靠近地基部分最先产生塑性应变。同时,由于原地面坡度的增加,路基下滑力影响范围减小,导致塑性贯通区面积减小。

3.2.2.3 边坡坡度对路基稳定性的影响

不同边坡坡度设计方案的路基安全系数如图 3.17 所示。

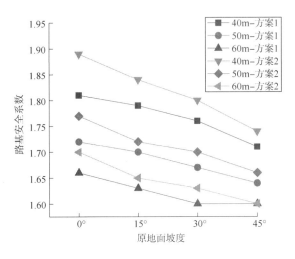

图3.17 不同路基边坡设计方案的路基安全系数

由图3.17可以看出,更小的路基边坡坡度可以增大路基安全系数,但影响效果较弱。计算得到不同边坡设计方案在填方高度40m、50m、60m在原地面坡度为0°时的路基安全系数差值为0.08、0.05、0.04,在原地面坡度为45°时的路基安全系数差值为0.03、0.02、0。通过对比可以看出,在原地面坡度一定的情况下,当路基填高增大时,路基边坡坡度对路基安全系数的影响在减弱;当原地面坡度增加时,路基边坡坡度对路基安全系数的影响在减弱。

不同路基边坡坡度设计方案下路基安全系数变化的原因是当路基边坡坡度减小时,路基的填方面积增加,上层路基重力在下层路基中产生的剪应力减少,所以路基边坡坡度减小对路基安全系数增加具有一定效果。当路基高度和原地面坡度增加时,由于路基边坡坡度引起的剪应力变化量占比逐渐减小,所以路基边坡坡度对路基稳定的影响效果减弱。

3.2.2.4 土工格栅对路基稳定性的影响

当路基顶层增加土工格栅时,不同倾角的路基失稳时典型塑性云图如图3.18所示。不同工况下路基安全系数如图3.19所示。计算不同工况下路基中增加土工格栅和没有土工格栅的路基安全系数差值,结果见表3.17。

a) 原地面坡度0°　　　　　b) 原地面坡度15°

图 3.18

c) 原地面坡度30°　　　　　　　　d) 原地面坡度45°

图 3.18　增加土工格栅后不同倾角的路基失稳典型塑性云图

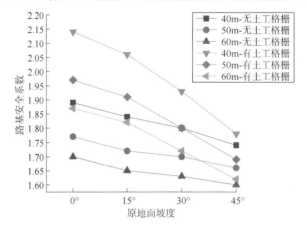

图 3.19　不同工况下的路基安全系数

两种工况的路基安全系数差值　　　　　　表 3.17

填土高度(m)	原地面坡度			
	0°	15°	30°	45°
40	0.25	0.22	0.13	0.04
50	0.2	0.19	0.1	0.03
60	0.17	0.17	0.09	0.02

由图3.18和表3.17可以看出,虽然路基顶面增加土工格栅可以增加路基稳定性,但土工格栅对不同原地面坡度和不同填方高度的路基稳定性增强效果差距较大。当填方高度一定时,原地面坡度增加时,土工格栅对路基安全系数的增加量在快速减少;随着路基填方高度的增加,土工格栅对路基稳定性的增强效果减弱。

通过对比两种不同工况下路基失稳时的塑性云图(图3.14、图3.17),可以发现土工格栅增加路基稳定性的原因是当路基失稳时,路基滑动面(塑性区域)会向路基顶部延伸,但是由于路基顶面土工格栅的约束作用,路基滑动面的延伸受到阻碍,使得路基稳定性增加。原地面坡度对路基稳定性的影响较土工格栅更为显著,原因是原地面坡度会显著改变路基滑动面的位置和影响范围,而土工格栅不会显著改变路基滑动面的位置和影响范围。以本节工况为例,当原地面坡度为0°和15°时,路基失稳时,路基塑性区域延伸至路基顶面中心部位,这时土工格栅可以有效地约束路基顶部土体,影响滑动面的延伸,进而有效地增加路基稳定性;当原地面坡度为 30°和 45°时,路基滑动面接近于地基表面,土工格栅无法有效地阻碍滑动面的延伸,所以对高原地面坡度的路基,土工格栅的影响效果大幅减弱。

3.2.2.5 路基压实度对路基稳定性的影响

不同压实度下路基安全系数如图 3.20 所示。不同压实度下路基安全系数差值见表 3.18。

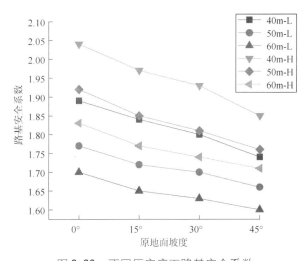

图 3.20　不同压实度下路基安全系数

注:L 表示低压实度;H 表示高压实度。

不同压实度下路基安全系数差值　　　　　　　　　　　　　表 3.18

路基填高(m)	原地面坡度			
	0°	15°	30°	45°
40	0.15	0.13	0.13	0.11
50	0.15	0.13	0.12	0.11
60	0.13	0.12	0.11	0.11

由图 3.20 和表 3.18 可知,增大压实度可以增大路基安全系数。同时,压实度对不同工况下路基稳定性的影响效果相似。

增加压实度能增大路基安全系数的原因是,增大压实度可以增大路基填料自身的抗剪强度,进而增强路基的稳定性。同时,由于通过改变压实度增大路基稳定性的方法与路基滑动面和路基内抗剪强度的关系较小,所以各工况下,压实度对路基稳定性的增大效果相似。

综上所述,不同因素对路基安全系数的影响方式和影响效果不一样。路基填高和路基边坡坡度通过影响路基重力产生的抗剪强度来直接影响路基稳定性,其中路基填高对路基稳定性影响较大,路基边坡坡度对路基稳定性的影响较小,而且随着路基填高和原地面坡度的增加,影响效果逐渐减弱;原地面坡度通过影响路基下滑力进而影响路基滑动面的方式影响路基稳定性,随着原地面坡度的增加,路基滑动面的位置越来越靠近地基表面,滑动面的影响范围也越来越小,路基安全系数快速减小;土工格栅通过影响路基失稳时路基滑动面的延伸影响路基稳定性,但土工格栅对路基稳定性的影响受原地面坡度影响较大,原地面坡度越大,土工格栅的作用越弱;压实度通过改变路基自身抗剪强度的方式影响路基稳定性,压实度越大,路基填料抗剪强度越高,路基稳定性越好。

3.3 陡坡高填方路堤沉降与稳定性控制案例分析

如图3.21所示,路基宽度为55m,路基中心填高为14m,路基右侧边坡分为九级,每级边坡高8m,共高72m。边坡自路基顶面起,前4级边坡坡度分别为1∶1.5、1∶1.5、1∶1.75、1∶1.75,其余边坡坡率为1∶2。路基下方地基坡率约为1∶3。

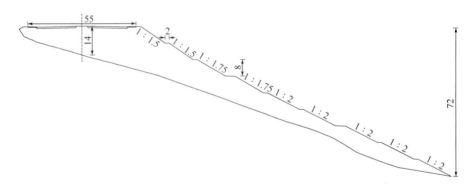

图3.21 路基断面示意图(尺寸单位:m)

3.3.1 路基计算模型

3.3.1.1 参数选取

根据地勘资料,路基下方为中风化片岩,变质作用明显,地基整体性好,承载力高。路基填料主要为路堑挖方中的白云岩、片岩及其风化物。依据室内试验和地勘资料,地基、路基填料和土工格栅的力学参数见表3.19、表3.20。

路基填料和基岩力学参数表　　　　　　　　　　　　表3.19

材料	弹性模量(MPa)	重度(kN/m³)	内摩擦角	黏聚力(kPa)	泊松比
基岩	36000	21	36.2°	1043	0.2
路基填料	60	23	41°	34	0.3

土工格栅力学参数表　　　　　　　　　　　　表3.20

材料	张拉模量(GPa)	泊松比	截面积(m²)
土工格栅	38.7	0.25	0.00015

3.3.1.2 计算模型

本书利用 ABAQUS 对研究断面进行足尺模拟,根据工程实际情况,对不同路基施工方案在施工期的变形及稳定性进行研究,设计如下三种工况：

工况一:路基和地基均不采取附加处理措施,如图3.22a)所示;

工况二:地基开挖台阶,台阶宽度不小于2m,路基内部不加铺土工格栅,如图3.22b)所示;

工况三:地基开挖台阶,路基顶面32m高范围内,每隔1m加铺一层土工格栅,共32层,如图3.22c)所示。

模型中地基和路基采用 CPE4 单元,土工格栅采用 T2D2 单元。模型底边约束竖向位移,侧边约束水平向位移,其他边界为自由边界。土工格栅采用嵌入方式模拟路基中加铺土工格栅。模型采用分层加载模拟路基的填筑过程,每次加载土层厚度为4m,共加载18次。

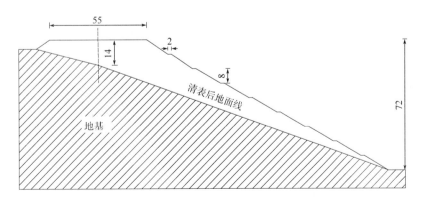

a)工况一

图 3.22

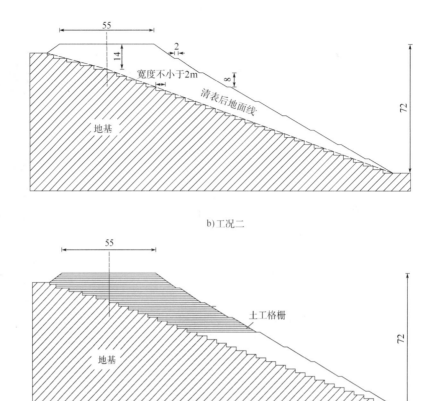

图 3.22 计算模型示意图(尺寸单位:m)

3.3.2 计算结果分析

3.3.2.1 路基顶面沉降分析

以工况一沉降曲线为例,与一般路基"盆"形沉降曲线不同,如图 3.23 所示,陡坡路基沉降曲线呈"勺"形,随距路基中线距离的增加,路基沉降先增加后减小,在距路基中心 7.5m 处,沉降达到最大,为 -47.5mm,沉降最小值出现在距路基中线距离 -27.5m 处,为 -11.2mm。路基各处沉降差异较大,路基两端的沉降差值为 33.3mm,路基沉降差值最大为 36.3mm。从沉降曲线可以看出,路基填土高度与路基顶面沉降有一定的关联性,但路基填土最高的位置与路基沉降最大的位置没有对应关系。

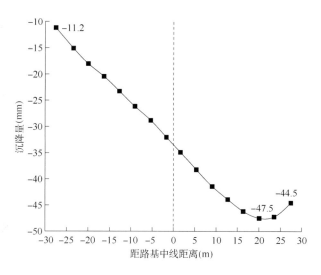

图 3.23 工况一路基顶面沉降曲线

各工况路基顶面沉降数据见表 3.21。从表 3.21 中可以看出,各工况路基顶面各点沉降值相差较小,沉降规律基本相同,表明在陡坡路基中,开挖台阶和加铺土工格栅对路基沉降量和沉降规律影响微弱。

各工况路基顶面沉降数据表(单位:mm)　　　　表 3.21

距路基中线距离(m)	−27.5	−23.5	−20	−15	−9	−5.5	−1.5	1.5	5.5	9	14.5	20	23.5	27.5
工况一	11.2	15.1	18.0	21.8	26.1	28.8	32.0	34.9	38.2	41.4	45.0	47.5	47.2	44.5
工况二	11.1	15.1	18.0	21.8	26.1	28.7	31.9	34.8	38.1	41.2	44.8	47.2	46.9	44.3
工况三	9.5	13.2	15.7	19.7	23.8	26.7	29.8	32.7	35.9	39.1	43.1	45.6	45.6	43.0

3.3.2.2 路基边坡水平位移分析

在路基边坡上选取 10 个观察点提取边坡水平位移,命名为 G1~G10,观察点位置如图 3.24 所示。

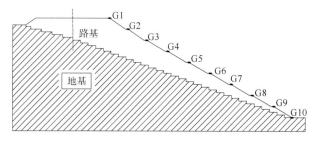

图 3.24 路基水平位移观察点位置示意图

记录各工况下各观察点水平位移,绘制各工况观察点水平位移变化曲线,如图3.25所示。由图3.25可以看出,三个工况的水平位移曲线变化规律相同,路基边坡水平位移先增加后减小,在第二级边坡处路基边坡水平位移达到最大值,在边坡坡脚处水平位移为0mm。三种工况下边坡水平位移最大值分别为27.9mm、27.7mm、20.8mm,工况一和工况二的边坡水平位移值相差较小,工况三的边坡各点水平位移值均小于前两种工况。根据边坡水平位移可以看出,陡坡路基边坡上部水平位移大于路基边坡底部水平位移;开挖台阶的方法对减小路基水平位移作用微弱,但采用土工格栅加固路基土体的方法可以有效减小路基边坡水平位移。

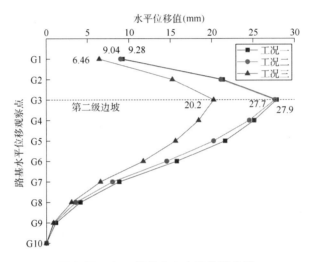

图3.25 各工况观察点水平位移曲线

3.3.2.3 路基边坡稳定性分析

采用强度折减法计算三种工况下的边坡安全系数,计算结果见表3.22。

各工况边坡安全系数　　　　表3.22

工况	工况一	工况二	工况三
边坡安全系数	1.17	1.75	2.14

通过安全系数可以看出,开挖台阶和加铺土工格栅对路基边坡稳定性具有明显的提升作用。同时,根据工况一的边坡安全系数,在陡坡上修筑路基,如果不采取增加路基稳定性的措施,路基稳定性差,极易发生路基失稳。

为进一步研究路基失稳时路基的变形情况,记录路基失稳时观察点的水平位移变化(图3.26)和路基顶面沉降变化(图3.27、表3.23)。

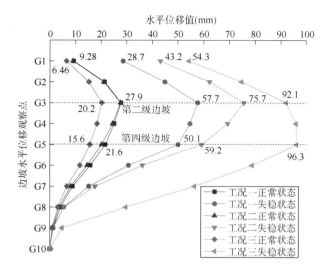

图3.26 各工况观察点水平位移变化曲线

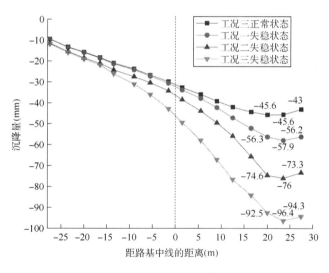

图3.27 各工况路基顶面沉降变化曲线

失稳时各工况路基各位置沉降变化值(单位:mm)　　　表3.23

距路基中线距离(m)	-27.5	-23.5	-20	-15	-9	-5.5	-1.5	1.5	5.5	9	14.5	20	23.5	27.5
工况一	0	-0.2	-0.2	-0.3	-0.3	-0.4	-0.5	-0.8	-1.8	-3.3	-6.0	-8.8	-10.7	-11.7
工况二	-0.3	-0.4	-0.6	-0.8	-1.0	-1.3	-1.6	-2.3	-3.7	-5.8	-8.3	-12.2	-19.7	-27.4
工况三	-2.3	-2.7	-3.3	-3.5	-5.1	-7.2	-9.3	-13.0	-16.8	-21.9	-28.0	-34.6	-39.9	-46.9

根据图 3.26 可以看出,各工况失稳时边坡最大水平位移分别是 57.5mm、75.7mm 和 96.3mm,表明开挖台阶和加铺土工格栅的方法,都可以使路基在失稳时承受更大的水平位移。

由各工况失稳时边坡水平位移曲线可知,工况一和工况二的边坡水平位移变化曲线相似,水平位移的最大值都出现在第二级边坡处,表明工况二的路基失稳形式与工况一的路基失稳形式相同,也就是说,开挖台阶虽然可以提高路基边坡稳定性,但并不会改变路基失稳形式;工况三路基失稳时,各观察点水平位移都有明显增加,边坡水平位移的最大值出现在第四级边坡处,与工况一、工况二的边坡水平位移变化不同,表明路基失稳时工况三的路基失稳形式与工况一、工况二的形式不同。

根据图 3.27 可以看出,三种工况在路基失稳时,路基顶面沉降变化曲线与正常状态时路基沉降变化曲线基本相似,但沉降最大值向路基边坡方向移动,出现在距边坡 4m 处,分别为 -57.9mm、-76mm、-96.4mm,表明三种工况当路基失稳时,边坡附近的路基会发生明显位移变化。

为了对比三种工况下路基失稳时的影响范围,根据三种工况正常状态与失稳状态的路基顶面沉降差值(见表 3.23),以沉降差值为 3.3mm 为标准,三种工况的失稳范围边界分别出现在距路基中线 9m、5.5m、-20m 处。根据三种工况下路基失稳范围可以看出,工况三路基失稳时的影响范围远大于工况一、工况二,表明通过土工格栅加固路基土体的方法可以有效地影响更大范围的路基土体,进而保证路基的整体稳定性。

为了进一步确定不同工况下路基失稳类型和失稳方式,提取三种工况路基失稳时的塑性云图和水平位移云图。从图 3.28a)、b)可以看出,当路基不采取任何措施时,路基失稳时塑性区域先出现在地基与路基的交接处,然后沿路基内部快速向上延伸,造成路基边坡滑坡,滑坡影响范围较小。从图 3.28c)、d)可以看出,当路基开挖台阶时,路基失稳时塑性区域沿着多个路径向上延伸,当某个路径的塑性区域在路基中贯通,此时路基边坡发生滑坡,路基失稳。工况二的路基失稳类型与工况一相同,滑坡影响范围较工况一有一定的增加。从图 3.28e)、f)可以看出,当陡坡路基同时采取开挖台阶和加铺土工格栅的措施时,路基失稳时塑性区域由于向上延伸受到土工格栅的阻碍,主要沿着路基与陡坡台阶的接触面向下延伸,当塑性区域向下贯通接触面时,路基发生失稳,此时路基失稳类型为路基整体滑坡,滑坡范围基本扩展至整体路基。

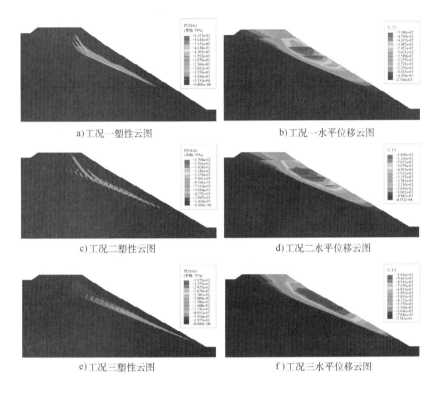

图 3.28　各工况失稳时塑性云图和水平位移云图

3.3.3　路基变形监测

3.3.3.1　路基监测方案

监测路段采用工况三方案进行施工,在路基下方地基开挖台阶,在路基内部摊铺土工格栅。在路基施工完成后,对路基进行变形与稳定性监测。监测工作于 2019 年 5 月开始,于 2020 年 1 月结束,分别进行路基深部土体位移监测和路基水平位移监测。路基深部土体位移监测利用测斜仪采集数据,监测点共 2 处,命名为 ZK1 和 ZK2。路基边坡水平位移监测利用全站仪采集数据,监测点共 5 处,命名为 Z1 ~ Z5。测点位置如图 3.29 所示。

3.3.3.2　路基深部土体水平位移

根据监测数据,绘制路基深部土体累计水平位移随时间变化曲线,如图 3.30 所示。

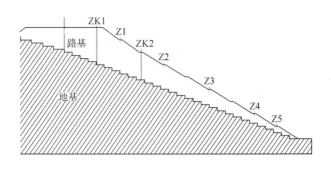

图 3.29 路基监测点位置示意图

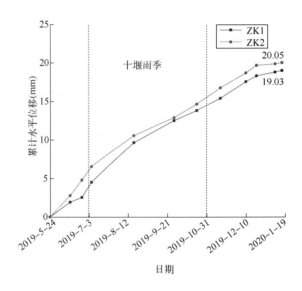

图 3.30 路基深部土体累计水平位移变化曲线

根据图 3.30 可以看出,在监测期内,路基深部土体累计水平位移值为 19.03mm 和 20.05mm,累计位移较小,表明路基整体稳定性较好。同时根据累计水平位移曲线,在十堰地区雨季时,土体深部水平位移增长速率没有明显加快,并随着雨季的结束,长时间降水对路基产生的影响逐渐减弱,路基深部土体水平位移趋于稳定。

根据监测数据结果可以看出,陡坡高填路基采用地基开挖台阶和路基内部摊铺土工格栅的方法,可以有效保障路基在长时间降水条件下的稳定性。

3.3.3.3 路基水平位移

根据监测数据,绘制雨季结束后路基边坡累计水平位移随时间变化曲线,如图 3.31 所示。

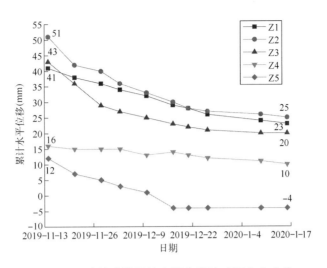

图 3.31 路基边坡累计水平位移随时间变化曲线

由图 3.31 可以看出，边坡累计水平位移最大值为 25mm，最小值为 -4mm，路基边坡上部水平位移大于路基边坡下部水平位移。

根据各监测点曲线，各水平监测点累计水平位移在雨季结束后均有不同程度的减小，原因可能是由于当雨季过后，降水入渗使路基内部土体进一步发生固结，同时，由于开挖台阶，路基整体稳定性较好，导致边坡向路基内侧移动，路基边坡累计水平位移减少。Z5 点稳定后累计位移值为负，可能与地形和施工方式有关，在路基进一步固结后，水平位移变化为负值。

由监测结果可知，陡坡高填方路堤采用开挖台阶和加铺土工格栅的措施，不仅可以有效保证路基的整体稳定性，同时可以减小路基水平位移，保证路基边坡稳定。

进行有限元模拟时，模拟结果为模型最终状态，对应实际工程达到稳定状态。将现场监测结果与数值模拟结果进行对比，考虑到实际施工监测的复杂性，可以认为数值模拟结果具有较高的可信度。

3.4 本章小结

本章采用数值模拟的方法，分析了路基沉降和稳定性影响因素，分析了不同施工方案下陡坡高填路基沉降和边坡水平位移，结合实际监测数据，对陡坡高填路堤的变形规律和路基稳定性进行了研究，主要得出以下结论：

（1）路基填高、原地面坡度和压实度都会对路基沉降产生影响。路基填高越大，路基顶面沉降量越大;原地面坡度越大,路基不均匀沉降差越大;路基压实度越高,路基顶面沉降量越小,沉降差也越小。

(2)路基填高、原地面坡度、边坡坡度和压实度都会对路基边坡水平位移量产生影响,水平位移的最大值位于边坡高度的1/2处。路基填高越大、原地面坡度越大、路基边坡坡度越大,路基边坡水平位移越大;路基压实度越高,路基边坡水平位移越小。

(3)路基高度、原地面坡度、土工格栅和路基压实度对路基稳定性的影响较为明显,影响的强弱为路基填土高度＞原地面坡度＞土工格栅＞路基压实度。

(4)填高方路基重力产生的剪应力来直接影响路基稳定性;原地面坡度通过影响路基下滑力进而影响路基滑动面的方式影响路基稳定性;土工格栅通过提高抗剪强度影响路基稳定性;路基压实度通过改变路基自身抗剪强度的方式影响路基稳定性。

(5)陡坡高填路基的沉降曲线呈"勺"形,路基各点沉降差异较大,靠近路基边坡右侧的路基沉降远大于靠近左侧的路基沉降。采用开挖台阶和路基内部摊铺土工格栅的措施对陡坡路基的沉降量和沉降曲线影响较小。

(6)陡坡路基边坡的水平位移先增加后减小,水平位移在第二级边坡处达到最大值,然后在坡脚处水平位移值为零。采用开挖台阶的措施对边坡水平位移影响较小,但使用加铺土工格栅的方法可以有效减小路基边坡水平位移。

(7)采用开挖台阶和加铺土工格栅的方式都可有效增大路基边坡安全系数,但陡坡路堤在不同施工方案下路基失稳形式不同。仅采用地基开挖台阶的方法虽然可以增加路基稳定性,但路基失稳形式仍为路基边坡滑坡,路基边坡稳定性较差。当路基采用开挖台阶结合加铺土工格栅的措施时,路基失稳形式为路基整体滑坡,路基边坡稳定性高。

(8)根据数值模拟结果和现场监测结果可知,陡坡高填高边坡路基在修建时应采用开挖台阶结合路基内部摊铺土工格栅的方案保证路基稳定性。这种施工方案不仅能减小路基边坡水平位移,而且还能有效增加路基边坡安全系数,保证路基整体稳定性。

4

CHAPTER 4

宕渣高填方路堤快速填筑成型技术研究

山区高填方路堤填筑高度高、填方体量大、施工周期长。以依托工程 K18+060～K18+400 段高填方路堤为例,路堤长度 340m,最大填方高度 81m,路堤填方量 267 万 m³。该段高填方工程成为全线的控制性工程,按照常规分层碾压+强夯补强的施工工艺,完成该段填方路堤施工需要两年半的时间。为探索合理的施工工艺,保证路堤施工质量、加快施工进度,依托工程首先开展了两种基于常规填筑技术的施工效率与施工质量试验。

试验一:常规 0.5m 层厚的分层碾压+冲击补强工艺试验。具体施工方案为:每层虚铺厚度为 50cm,采用 25t 压路机振动碾压,每填筑 2m 进行一轮冲击碾压处理,每填筑高度 6～8m 进行一次夯击能为 1000kN·m 的点夯。试验结束后采用灌水法检测土体密实度,试验完成后发现,虽然路基压实质量达到要求,但每填筑 4m 耗时 45d,据此测算,完成单体 267 万 m³ 填筑约需 30 个月,远超项目工期要求。

试验二:1.0m 层厚的分层碾压+强夯补强工艺试验。具体施工方案为:每层松铺厚度为 1.0m,采用 25t 压路机振动碾压,每填筑 4.0m 后采用 2 遍夯击能为 4000kN·m 的强夯补强。试验结束后采用灌水法检测土体密实度,试验完成后发现夯点下方土体压实质量全部满足要求,夯点周围浅层 0～-1.5m 范围内的土体被振松,需通过夯坑补料和整体碾压的方式补充压实。试验虽然取得了成功,但每填筑 4m 仍需 30d,据此测算完成单体 267 万 m³ 填筑仍需 20 个月,依然难以满足项目工期要求。

分析上述两种施工耗时较长的原因,主要在于分层碾压耗时较长,这成为制约路基填筑速率的关键因素。为加快宕渣高填方路堤的施工进度,节约工期,项目考虑取消 1m 的分层碾压工序,直接采用厚层摊铺+强夯进行路基填筑,以期加快山区宕渣高填路堤施工速度、保证施工质量高、提高经济效益。由于公路工程为线性工程,一般仅将强夯作为加固措施,单纯的强夯施工一般多用于机场建设等大面积的填方工程,因此这种设想效果仍需试验验证。

4.1 宕渣填料路堤强夯有效加固范围研究

强力夯实法即强夯法,是采用起重机吊起夯锤从高处自由落下,利用强大的动力冲击,迫使岩土颗粒位移,提高填筑层的密实度和地基强度。该方法机械设备简单,击实效果显著,施工中不需要铺撒细粒料,施工速度快。强夯加固技术的诸多优点,对宕渣填料路堤有巨大的优势。

4.1.1 数值模型及参数选取

4.1.1.1 基本假设

由于宕渣具有复杂的结构和物理学特性,采用数值分析的方法模拟强夯法加固路堤具有很大的局限性,现有的数值分析软件无法模拟出与实际土体材料相同的特性,故需要结合实际工程特点和研究内容对模型做一些简化和假设,具体如下:

(1) 假设模型中土体为均质、各向同性的弹塑性半无限空间体;
(2) 假设强夯过程中无地下水和孔隙水压力的影响;
(3) 假设夯锤在强夯过程中无变形,即为刚体,且夯锤只有垂直方向的位移;
(4) 假设在强夯过程中的能量全部转化为岩土体的变形,无其他能量损失;
(5) 假设强夯过程中无空气存在,忽略夯锤通气孔的设置。

4.1.1.2 本构模型

1) 土体的本构模型

岩土体材料同时具有黏性、弹性和塑性特性,其应力应变关系相对比较复杂,尤其在进行冲击动力分析中,岩土体材料模型的选择非常重要。岩土的基本本构模型主要包括理想弹性体模型和弹塑性体模型等,而每一种模型又有其具体的分类,常见的弹塑性模型有 Mohr-Coulomb 模型和 Drucker-Prager 模型(简称"D-P 模型")等,针对强夯施工,相对于 Mohr-Coulomb 模型等其他弹塑性模型,D-P 模型能够更好地模拟动荷载的作用,适用于动力分析。强夯主要是以冲击能量压实土体,而 D-P 模型采用能量型法则,较适合于模拟宕渣等颗粒状材料,王桂尧、王卫强采用 D-P 模型模拟了强夯的冲击作用,结果较为理想,故本书选用 D-P 模型对强夯的动力响应进行数值模拟,并通过与现场试验结果的比较分析来验证这一准则在本问题计算中的可靠性。

对于动力学问题,在求解过程中常应用模态叠加法和直接积分法,其中模态叠加法一般只用于线性问题,直接积分法可用于非线性问题。而直接积分法又可分为隐式分析和显式分析,其中隐式分析更适用于光滑的非线性动力学问题,而显式分析更适用于短暂、瞬态的动力学问题,如冲击、爆炸等。D-P 模型按照其屈服面在子午面的形状又分为线性模型、双曲线模型以及指数模型。由于双曲线模型和指数模型只适用于隐式分析,而线性模型可用于显式分析,所以在此采用线性模型。线性模型在 $p\text{-}t$ 应力空间的屈服面如图 4.1 所示,表达式为式(4.2)。

$$F = t - p\tan\beta - d = 0 \tag{4.1}$$

$$t = \frac{q}{2}\left[1 + \frac{1}{k} - \left(1 - \frac{1}{k}\right)\left(\frac{r}{q}\right)^3\right] \tag{4.2}$$

式中:t——另一种形式的偏应力,是为了更好地反映中主应力的影响;

d——屈服面在 $p\text{-}t$ 应力空间 t 轴上的截距;

β——屈服面在 $p\text{-}t$ 应力空间上的倾角,与内摩擦角 φ 有关;

p——平均主应力;

q——偏应力;

k——三轴拉伸强度与压缩强度的比值,反映了中主应力对屈服的影响。

为了保证屈服面是凸面,要求 $0.778 < k < 1.0$,不同 k 值对应的屈服面在 π 面上的形状是不一样的,如图 4.1b)所示,当 $k=1$ 时,有 $k=q$,此时屈服面为米塞斯(Mises)屈服面,呈圆形。

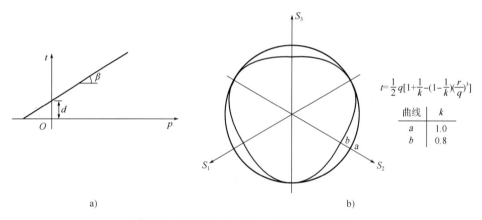

图 4.1　线性 Drucker-Prager 模型的屈服面

2)夯锤的本构模型

本书中夯锤被假设为刚体,在强夯过程中没有变形,其应力应变关系也不是本书的研究重点。为了突出研究重点并节省计算空间和时间,故选取通用的线弹性模型作为夯锤的本构模型。

4.1.1.3　模型参数

1)土体模型参数

本书 2.1.2 节对取自四个填方路段的填料进行了颗粒级配分析,得出四组填料的平均含石量为65.4%,故本次数值模拟中宕渣填料按照实际工程情况设置,本构模型参数均采用含石量65%的宕渣填料,参考前文宕渣填料的室内试验进行取值。

(1)内摩擦角 φ、黏聚力 c 的确定。

对依托工程的宕渣填料进行了大型直剪试验,得出含石量65%的宕渣填料的内摩擦角 φ 和黏聚力 c 分别为41.7°、14kPa。

(2)弹性模量 E 的确定。

在 ABAQUS 有限元分析软件中,线弹性材料的参数使用的是弹性模量,而岩土体的弹性模量在室内试验中无法测得,只能通过室内试验得出的压缩模量,根据相关工程经验进行换算。压缩模量 E_s 反映了土体的抗变形能力,可作为地基土弹性模量 E 对应参数,二者满足 $E = \alpha E_s$,其中 α 为弹性模量 E 与压缩模量 E_s 之间的比例。杨敏等人通过对上海地区的桩基研究对比认为 $\alpha = 2.5 \sim 3.5$,即 $E = (2.5 \sim 3.5)E_s$;其他相关工程经验认为弹性模量 $E = (2.0 \sim 5.0)E_s$。故本书通过对比分析并进行大量模拟试算,取 $E = 3.5E_s$ 进行数值模拟分析,参考设计文件及邻近工程相关研究,本次模拟的压缩模量 E_s 取 14.8MPa,则初始弹性模量 $E_0 = 3.5 \times 14.8 \approx 52$MPa。

在 ABAQUS 中可以通过增加场量和编辑关键字的方法,使每次夯击之后填料的弹性模量发生变化,变化规律可根据经验式(4.3)计算。

$$E = E_0 N^{0.516} \tag{4.3}$$

式中:E——变化后的弹性模量(MPa);

E_0——初始弹性模量(MPa);

N——夯击次数。

(3)摩擦角 β、流应力比 k 及 σ_c^0 的确定。

在三维问题中,Mohr-Coulomb 模型与 Drucker-Prager 模型的参数具有如下转换关系:

$$\tan\beta = \frac{6\sin\varphi}{3-\sin\varphi} \tag{4.4}$$

$$k = \frac{3-\sin\varphi}{3+\sin\varphi} \tag{4.5}$$

$$\sigma_c^0 = 2c\frac{\cos\varphi}{1-\sin\varphi} \tag{4.6}$$

在线性 D-P 模型中,为了使屈服面呈凸面,则 $0.778 < k < 1.0$,这就要求材料的内摩擦角 $\varphi \leq 22°$,但是前文试验分析得出65%含石量宕渣填料的内摩擦角为41.7°,此时只需要选取 $k = 0.778$,其他参数根据式(4.4)和式(4.5)确定,得出 $\beta = 59.7°$,$\sigma_c^0 = 62.4$kPa。

(4)其他参数的确定。

前文对依托工程的宕渣进行了室内重型击实试验,得到含石量65%宕渣填料的最大干密度为2.18g/cm³,故取本次模拟土体的密度$\rho = 2180 kg/m^3$;参考相关工程经验和地勘报告,综合分析取土体的泊松比$\mu = 0.35$。

2)夯锤参数

本次模拟假设夯锤为刚体,因此只需要设置为线弹性材料即可,夯锤的弹性模量为206GPa,泊松比为0.25,密度为7800kg/m³。

4.1.1.4 模型尺寸

在强夯过程中会产生体波,其纵波传播速度v_P和横波传播速度v_Z的计算公式如下:

$$v_P = \sqrt{\frac{E(1-\mu)}{\rho(1+\mu)(1-2\mu)}} \tag{4.7}$$

$$v_Z = \sqrt{\frac{E}{\rho(1+\mu)}} \tag{4.8}$$

式中:v_P——纵波速度(m/s);

v_Z——横波速度(m/s);

E——弹性模量(Pa);

μ——泊松比;

ρ——介质密度(kg/m³)。

将上文的各参数带入以上公式,计算得出本次模拟土体介质中纵波传播速度$v_P = 195 m/s$,横波传播速度$v_Z = 132 m/s$。

根据强夯接触应力的试验和计算结果得出,夯锤和土体的脉冲应力波为一尖峰,在经历一个峰值以后,逐渐趋于0,衰减速度很快,均没有明显的第二应力波,作用时间为0.02~0.05s。考虑到余波的影响,本书取应力波传播速度为0.1s,取波速较大的横波速度v_P进行计算,则应力波传播的距离为30m。

如图4.2所示,模型包括两个部分:宕渣填料路堤(图4.2a)和夯锤(图4.2b),本次模拟的宕渣填料路堤部分设置为半径30m、高60m的圆柱体,夯锤按实际建立模型,为一圆柱体,半径1.15m,高0.7m。由于对称性,两部分均取1/2计算,装配后如图4.2c)所示。

a)土体模型　　　　　　b)夯锤模型　　　　　c)模型装配效果

图4.2　强夯数值模型

4.1.1.5　单元类型及网格划分

ABAQUS单元库中几乎所有单元都适用于动力问题的分析,一阶单元比二阶单元能更好地模拟应力波的传播,而强夯在夯锤下及周围土体中会产生巨大的冲击力,为了较好地模拟强夯的冲击作用,本研究采用一阶8节点的三维实体减缩积分单元(C3D8R)。

在考虑网格疏密程度时,不仅要在应力梯度较大处加密网格,而且还要保证单元边长不超过波长的1/8~1/10。李润等通过对试验场地的强夯振动测试得出强夯引起的地面振动主频率介于7~12Hz之间,本书取振动频率为12Hz,根据式(4.7)计算得到波速较大的横波波速$v_p = 195$m/s,计算得到波长$\lambda = 16.25$m,取波长的1/8(2.125m)作为网格单元边长的界限。

为了准确地模拟夯坑附近动力响应,如图4.3所示,在夯击中心点附近的土体单元尺寸取0.2m,远离中心点区域的土体采用单精度线性划分网格,为0.4~2m,共划分283200个实体单元;考虑到土体与夯锤间的接触问题,夯锤单元尺寸取0.3m,共划分60个实体单元,且将夯锤设置为刚体。

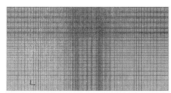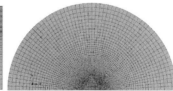

a)路基X-Z面网格划分　　　b)路基X-Y面网格划分　　　c)夯锤网格划分

图4.3　网格划分示意图

4.1.1.6　荷载施加及边界条件

1)边界条件的确定

在ABAQUS中,模型边界条件可按照实际工程和主要研究内容进行设置,模型中的

土体可视为半无限空间体,同时为了节省计算时间和空间,可利用模型的对称性设置边界。本章中模型所设置的边界条件如下:

(1)路基土模型的侧边约束其法向位移;

(2)路基土模型的底面采用固定约束,限制所有方向位移;

(3)路基土的对称面采用对称条件约束;

(4)假设夯锤为一刚体,限制其水平方向的位移。

2)强夯荷载的确定

强夯冲击荷载需要考虑动应力的问题,计算相对复杂,通常在数值模拟研究中对强夯冲击荷载进行简化。前人通过大量的研究认为,夯锤和土体的脉冲应力波为一尖峰,在经历一个峰值以后,逐渐趋于0,衰减速度很快,均没有明显的第二应力波,作用时间为0.02~0.05s,故可用相对简单的三角形荷载代替强夯冲击荷载,许多学者也采用了这种方法进行研究,其模拟结果与实际工程的实测结果较吻合,具有可行性。

冲击荷载的峰值 P_{max} 可依据钱家欢关于动力固结的加卸载模型进行计算,加荷阶段为冲击阶段,黏滞力对动力反应的影响可忽略不计。加荷的基本方程为:

$$M\ddot{\omega} + S\omega = 0 \tag{4.9}$$

$$S = \frac{2rE}{1-\mu^2} \tag{4.10}$$

当 $t=0$ 时,$\omega=0$,$\dot{\omega}=v_0=\sqrt{2gh}$,$\ddot{\omega}=0$ 的初始条件下,求得冲击应力时程方程为:

$$P = \frac{M\ddot{\omega}}{\pi r^2} = \frac{-Mv_0 w}{\pi r^2}\sin(wt) \tag{4.11}$$

式中,$w = \sqrt{\dfrac{S}{M}}$。

最终得到冲击应力峰值的计算公式:

$$P_{max} = \frac{-Mv_0 w}{\pi r^2} \tag{4.12}$$

式中:P_{max}——冲击应力峰值(MPa);

v_0——夯锤接触地面时刻的速度(m/s);

w——固有频率参数(rad/s);

r——夯锤半径(m);

M——夯锤质量(t)。

根据式(4.12),强夯冲击应力峰值与夯锤质量M、落距h均为1/2次方的关系,说明只要强夯能级确定,其冲击应力峰值与之对应确定,与夯锤质量M和落距h的不同组合没有关系。依据本书所设置的模型工况,计算得到的各夯击能所对应的冲击应力峰值P_{max}见表4.1。

不同强夯能级对应的冲击应力峰值表　　　　　表4.1

强夯能级(kN·m)	2000	4000	6000
冲击应力峰值P_{max}(MPa)	5.27	7.45	9.13

4.1.2 模型工况

本书主要研究宕渣填料路堤采用强夯施工法的作用效果,包括强夯后路堤的变形特征、应力分布特征及强夯的有效加固深度,故本书设置了三个强夯能级,分别为2000kN·m、4000kN·m、6000kN·m,数值模型除强夯能级外其他条件均相同。在现场施工时,在强夯能级可由两个因素控制,即落距和夯锤质量,本书中各工况的模型一致,故夯锤质量无法改变,可采用改变夯锤落距的方式控制强夯能级。本书模拟所采用的夯锤质量为25t,各模拟工况的参数见表4.2。

夯锤模型参数　　　　　表4.2

强夯能级(kN·m)	2000	4000	6000
落距(m)	8	16	24
夯锤质量(t)	25	25	25
夯锤高(m)	0.7	0.7	0.7
夯锤半径(m)	1.15	1.15	1.15

根据强夯冲击荷载的特征,本书将冲击荷载简化为一个对称的三角形单峰荷载来模拟强夯加固过程中夯锤与土体的相互作用,并考虑夯锤自重,简化的冲击荷载如图4.4所示,图中P_{max}表示最大锤底接触动应力。通过施加冲击力来模拟强夯法施工,强夯作用时间为0.04s,间歇时间均为0.26s。

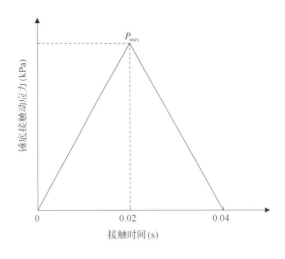

图 4.4　强夯瞬态荷载简化图

4.1.3　结果分析

本次计算模拟了 9 次连续夯击过程,每次击实模拟 0.3s,对模拟后路基土体的竖向位移、侧向位移及动应力特征进行了分析,进而以此为基础分析强夯的加固效果及有效加固深度。

4.1.3.1　竖向位移分析

图 4.5 为各能级强夯模拟竖向位移云图。由图 4.5 可见,夯击后夯坑近域竖向位移的等值线大致为"梨形",竖向位移从夯坑底部向下逐渐减小。在夯坑周围的浅层土体中,产生了部分隆起,且在夯坑边缘位置,由于冲击荷载的作用,土体强烈变形而产生明显的向上位移,在工程实践中的确能观察到夯坑周围土体微隆起以及夯坑边缘土体"飞溅"的现象,这说明本次模拟符合工程实际情况,且夯坑边缘某个范围内的表层土有被震松的情况。各能级强夯的竖向位移特征相似,只是竖向位移量不同,随着强夯能级的增大,路基土体的竖向位移也随之增大。

夯坑中心点处的竖向位移随时间的历程变化曲线如图 4.6 所示,从图中可明显地观察到土体的弹性变形,夯击时土体先达到最大竖向位移,之后发生回弹,弹性变形消失,夯击结束后只存在不可恢复的塑性变形。基于功能转换原理,即接触力所做的功转化为土体增加的变形能,土体得到压实,其弹性模量增加,可在图 4.6 中明显观察到随着夯击次数的增加,土体的弹性变形减小,至第9击时,土体基本不发生回弹。图4.7a)所示为9次强夯模拟夯坑中心点处的单击夯沉量和累计夯沉量变化曲线,可观察到随夯击次数增加,累计夯沉量逐渐增加,单级夯沉量逐渐减少,符合实际工程中强夯夯沉量的变化规律。依托工程采用4000kN·m能级的强夯法对松铺的路基进行压固,因此,为了验证本次模拟计算的可靠性,随机选取10个夯点的现场试验记录,其每次击实后夯坑中心点处的累计夯沉量和单击夯沉量见表4.3。图4.7b)所示为4000kN·m强夯模拟计算和部分现场试验的数据对比,其中4000kN·m强夯模拟的结果与现场实测数据吻合较好,累计夯沉量随着夯击次数的增加而增大,单击夯沉量逐渐减少,说明本次模拟计算具有可靠性。

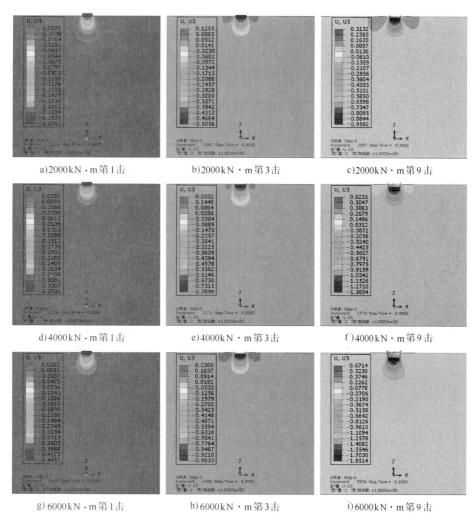

图4.5 各能级强夯模拟竖向位移云图

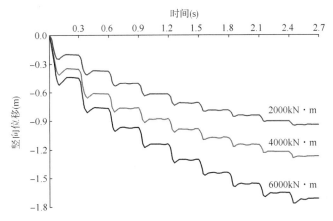

图 4.6 夯坑中心点处的竖向位移随时间的历程变化曲线

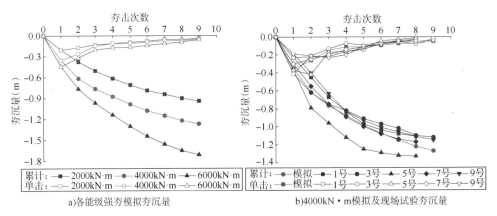

a)各能级强夯模拟夯沉量　　　　　b)4000kN·m模拟及现场试验夯沉量

图 4.7 夯坑中心点处的单击夯沉量和累计夯沉量变化曲线

现场 4000kN·m 强夯试验夯沉量统计表　　　表 4.3

夯点编号	单击夯沉量(cm)									累计夯沉量(cm)								
	1	2	3	4	5	6	7	8	9	1	2	3	4	5	6	7	8	9
1	23	22	22	16	14	7	4	3	—	23	45	67	83	97	104	108	111	—
2	24	27	17	26	9	2	3	4	—	24	51	68	94	103	105	108	112	—
3	41	21	13	7	9	6	5	8	2	41	62	75	82	91	97	102	110	112
4	51	27	11	13	5	2	3	2	—	51	78	89	102	107	109	112	114	—
5	37	42	17	16	13	3	1	9	—	37	79	96	112	125	129	132	133	—
6	42	21	23	13	6	5	5	2	—	42	63	86	99	105	109	114	119	121
7	30	25	20	14	11	8	6	3	—	30	55	75	89	100	108	114	117	—
8	27	26	22	14	3	2	2	2	—	27	53	75	89	92	94	96	98	—
9	19	21	13	20	10	2	5	5	4	19	40	53	73	83	85	90	95	99
10	47	16	16	12	7	2	1	2	—	47	63	79	91	98	100	101	103	—

图 4.8 为夯坑中心点下方不同夯击次数的竖向位移随深度的变化曲线。由图 4.8 可看出,各强夯能级的竖向位移随着深度的增加而逐渐减小,在深度 0~2.5m 范围内,各个夯击次数下的竖向位移随深度变化大致呈线性下降,说明在深度 0~2.5m 内,竖向应变近似为常值,在深度超过 2.5m 之后,竖向位移的下降减缓。夯击能 2000kN·m、4000kN·m、6000kN·m 强夯第 9 击后可影响到的土体深度分别达到了 7.4m、8.2m、10.9m,但深度分别达到 6.4m、7.5m、9.7m 后土体的竖向位移已小于 1cm,据此可判断有效影响深度能达到 7.4m。

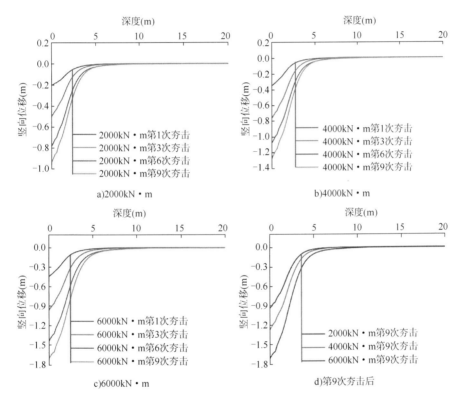

图 4.8 夯坑中心点下方不同夯击次数的竖向位移随深度的变化曲线

图 4.9 为不同夯次的竖向位移随夯坑中心点水平距离的变化曲线,图 4.10 为第 9 次夯击后不同深度处的竖向位移随夯坑中心点水平距离的变化曲线。由图 4.9、图 4.10 可以明显看出夯击过程中夯坑的深度和形状夯坑边缘土体的强烈变形以及周围的微隆起等现象,与前述位移云图的分析一致,夯坑竖向位移和周边土体隆起位移随着强夯能级逐渐增大;而各夯击能夯坑周边土体隆起范围无太大变化,均在 5m 夯坑周边的土体隆起较明显,距夯坑中心点 7m 后周边土体隆起位移基本为 0,这是由于三种夯击能的夯锤半径设置相同导致的。

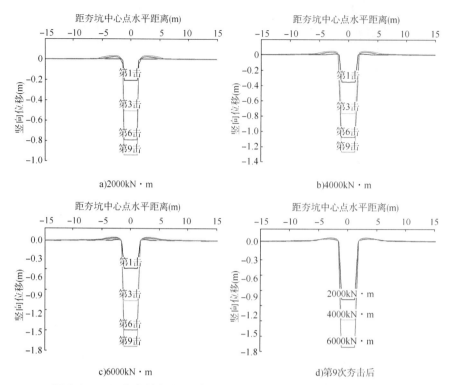

图 4.9 不同夯次的竖向位移随距夯坑中心点水平距离的变化曲线

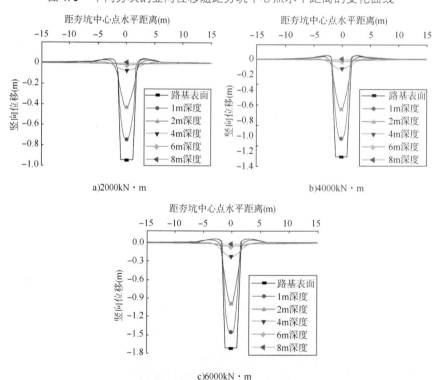

图 4.10 第 9 次夯击后不同深度处的竖向位移随距夯坑中心点水平距离的变化曲线

4.1.3.2 侧向位移分析

各能级强夯模拟水平向位移云图如图 4.11 所示。可以看出,侧向水平位移的等值线近似为"芒果形",水平位移的最大值出现在夯坑底部边角处,并向周围逐渐减小;夯锤左右两侧土体的水平向位移基本对称分布。

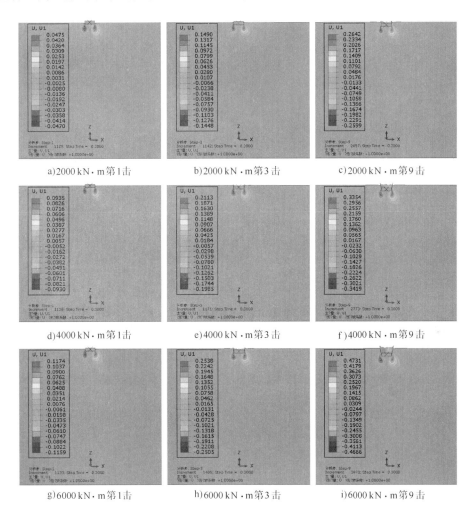

图 4.11 各能级强夯模拟水平向位移云图

图 4.12 为第 9 次夯击后距夯锤中心不同水平距离处的水平向位移随夯坑中心点距离的变化曲线,图 4.13 为第 9 次夯击后不同深度路基土体的水平向位移随夯坑中心点距离的变化曲线。结合图 4.12 和图 4.13 可分析强夯后路基土体水平位移特征。

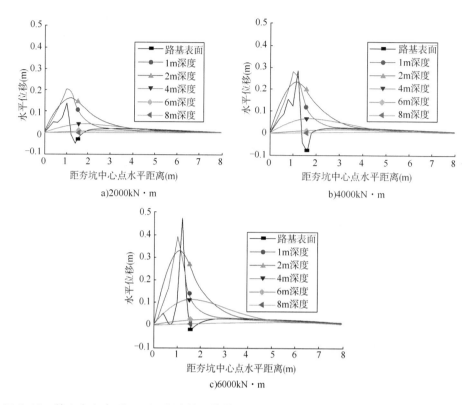

图 4.12 第 9 次夯击后不同深度路基土体的水平向位移随距夯坑中心点距离的变化曲线

图 4.12 显示，相同深度下路基土体的水平位移随着夯击能的增大而增加，且不同深度的土体水平位移均在距夯坑中心点 1m 处达到最大，三种夯击能下土体水平位移分别在距夯坑中心点的距离 3.5m、4.5m、5m 之后趋于 0。图 4.13 显示，三种夯击能侧向位移影响深度分别可达 9m、10m、12m，在离锤中心 2m 处 2～3.5m 深度范围内达到最大值。在夯坑中心 2m 范围内土体的侧向位移非常明显，这是夯锤作用于土体形成侧向挤压所致。这也是引起夯坑周边土体隆起的原因之一。

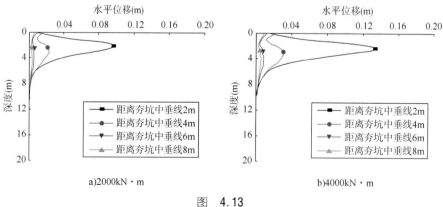

图 4.13

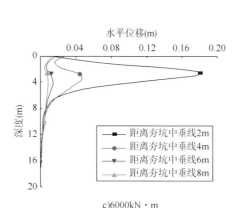

图 4.13 第 9 次夯击后距离夯坑中垂线不同距离处的水平向位移随深度的变化曲线

4.1.3.3 动应力分析

图 4.14 为夯坑中心处土体表面竖向动应力随时间变化的历程曲线。三种强夯能级竖向动应力具有相似的特征,每一次夯击都具有一明显的峰值,近似三角形,在强夯间歇期有波动,但变化不大,在 1~3 次夯击时,最大竖向动应力随着夯击次数增大;第 3 次夯击后,最大竖向动应力基本不变。

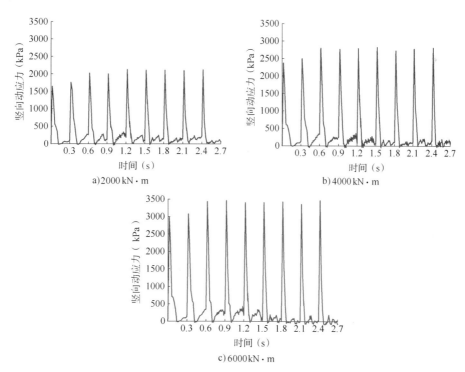

图 4.14 夯坑中心处土体表面竖向动应力随时间变化的历程曲线

夯点中心点下最大竖向动应力随深度变化曲线如图4.15所示。从图4.15中可看出,各能级强夯作用下土体的最大竖向动应力的变化规律具有相似性,均随着深度的增加迅速减小,到某一深度之后减小速率变慢,直至基本不变,表明振动冲击波对夯锤下方土体的压密作用随深度的增加逐渐减弱;2000kN·m能级工况下,在深度0~5.5m范围内,土体中的最大竖向动应力迅速衰减,5.5m以下则基本不变,土体中的最大竖向动应力减小速率发生变化的深度随着强夯能级逐渐变大,夯击能2000kN·m、4000kN·m、6000kN·m强夯所对应的此深度依次为5.5m、8m、9m;若以竖向动应力的衰减特征为依据,则夯击能2000kN·m、4000kN·m、6000kN·m强夯的竖向有效加固深度分别为5.5m、8m、9m。

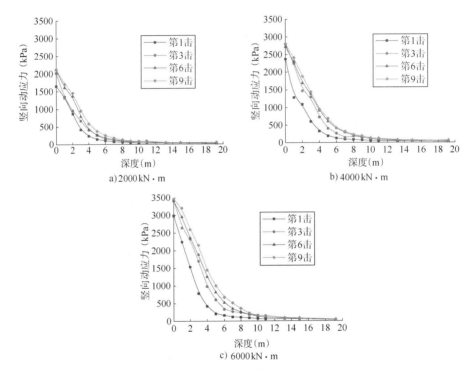

图4.15 夯坑中心点下最大竖向动应力随深度变化曲线

上文对土体竖向位移、水平位移及竖向动应力进行了分析,发现夯击能2000kN·m、4000kN·m、6000kN·m强夯第9击后土体竖向位移沿深度规律变化,深度分别达到6.2m、7.5m、9.7m后土体的竖向位移已小于1cm,据此可判断有效影响深度可达到7.4m;以竖向动应力的衰减特征为依据,则夯击能2000kN·m、4000kN·m、6000kN·m强夯的竖向动应力有效影响深度分别为5.5m、8m、9m。综合二者可认为,夯击能2000kN·m、4000kN·m、6000kN·m强夯的有效加固深度分别为5.5~6.2m、7.5~8m、9~9.7m。

夯击能2000kN·m、4000kN·m、6000kN·m强夯作用下土体水平位移分别在距夯坑中心点的距离3.5m、4.5m、5m之后趋于0，且在夯坑周边5m的土体均产生明显隆起，可认为击能2000kN·m、4000kN·m、6000kN·m强夯的锤间距（中心距）分别不宜大于3.5m、4.5m、5m。

4.2 宕渣高填方路堤强夯加固效果试验研究

4.2.1 试验方案

试验采用4000kN·m的夯击能，夯点间距为4m×4m。选取两个试验段，分别为K18+200~K18+400路段、K16+305~K16+640路段，路堤填料均是来自邻近挖方段的爆破宕渣，属于土石混合料，其中石料含量为65%~80%。细颗粒料为黏性土，粗颗粒料主要为中~弱风化和未风化的白云岩、片岩，要求填料的CBR值不得低于3%。为保证宕渣填料高填方的填筑质量，要求软质石料的最大粒径不超过50cm，硬质石料的最大粒径不超过30cm。

4.2.1.1 填料的级配特征

对现场取回的试样进行室内筛分试验，对于粒径大于60mm的碎石，采用等量替代法进行替代，其级配曲线如图4.16所示。松铺4.5m试验段和8m试验段的填料级配曲线很相似，现场填料中碎石土粒径大于2mm的颗粒分别占总重量的69%和68%，均属于工程中的典型碎石土填料。如表4.4所示，其颗粒粒径分布特征指标不均匀系数 C_u 分别为39.4、20，曲率系数 C_c 分别为0.28、0.8，虽满足 $C_u>5$，但不满足 $1<C_c<3$，属于级配不良的土。由此可见，邻近挖方段的爆破开山料工程物理特性较差，对路堤建设质量影响较大。

填料特征粒径及相关系数表　　表4.4

试验段	d_{10}	d_{30}	d_{60}	C_u	C_c
松铺4.5m	0.33	1.9	13	39.4	0.28
松铺8m	0.45	1.8	9	20	0.8

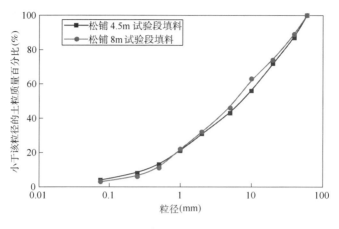

图 4.16 填料粒径级配曲线

4.2.1.2 试验段填筑方案

在 K18+200~K18+400 路段和 K16+305~K16+640 路段分别进行分层松铺厚度 4.5m 和 8m 填筑试验,夯点间距为 4m×4m,将路基划分为 2 个填筑区,路基两侧边缘部位为填筑 1 区,中间核心区位填筑 2 区。如图 4.17 所示,边坡坡面向内 2m 宽及边坡坡度范围部分为填筑 1 区,采用分层填筑、分层碾压的工法,每层松铺厚度不超过 1m;边坡坡面向内 2m 内侧为填筑 2 区,2 区填筑有两个试验方案,分别采用松铺厚度 4.5m 和 8m 填筑,1 区和 2 区同步施工。填筑 1 区碾压采用自重 26t 振动压路机先两边后中央平行操作,前后两次轮迹重叠三分之一以上,路基两侧加宽碾压以保边坡密实。如图 4.18 所示,填筑 2 区强夯采用两遍点夯处理,夯点间距 4.0m,采用的强夯能级为 4000kN·m。每个夯点至少夯击 8 锤,至最后两击夯沉差不大于 5cm,强夯完成后进行反开挖,检测下地基承载力及压实度,其中松铺厚度 4.5m 试验段依次开挖 1m、2m、3m,松铺 8m 试验段依次开挖 2m、4m、6m。如图 4.19 所示,每层各检测 5 个点,顺序依次是夯坑之间的棱、夯坑、夯坑之间的棱、夯坑、夯坑之间的棱,从左至右依次编号 1 号、2 号、3 号、4 号、5 号检测点,压实度采用灌砂法检测,地基承载力采用重型动力触探试验检测。

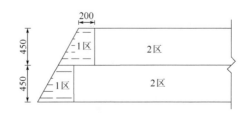

图 4.17 分区填筑施工示意图(尺寸单位:cm)

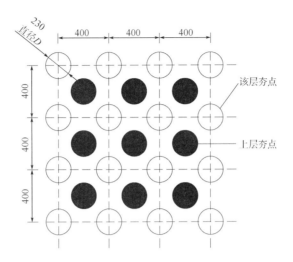

图 4.18　夯点点位示意图(尺寸单位:cm)

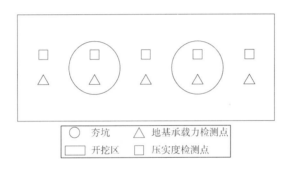

图 4.19　检测点平面示意图

路基填筑宽度为全幅路基宽度,填筑前路基平整度、横坡及压实度等均满足设计及规范要求。填筑及夯实的基本技术要求如下:

(1)核心强夯区(及填筑 2 区)分层上料,与路基边缘 1m 分层碾压去同步上料,每次摊铺厚度约 1m,核心强夯区摊铺完成后不碾压,直至上料厚度达到 4.5m 或 8.0m。

(2)任何靠压实设备无法压碎的大块石硬质材料,应予清除或破碎,破碎后的硬质材料最大尺寸不超过 80cm,并应均匀分布。

(3)路基每层填筑都应及时做好标记来控制上料,以上料前后的高程来严格控制松铺厚度。为确保路基断面尺寸及路基压实度,填土宽度每侧应大于设计横断面填筑宽度 30~50cm。

(4)碾压前采用酒精燃烧法检测填料含水率是否符合规范要求,一般控制在最佳含水率的 ±2% 以内,如含水率高出规范要求,应进行翻晒;当含水率偏低时应进行洒水补充。

4.2.1.3 质量检测方法

1)压实度检测试验

压实度是路基质量的重要指标,如果压实度不达标,可能导致路基产生过大的工后沉降,甚至产生不均匀沉降变形,严重影响公路行车安全。不同等级的公路其压实度要求不同,依托工程采用一级公路标准,依照《公路路基设计规范》(JTG D30—2015),其压实度应该大于93%。压实度为现场材料压实后的干密度与该材料的标准干密度之比,可用下式表示:

$$K = \frac{\rho_d}{\rho_c} \qquad (4.13)$$

式中:K——测点的实际压实度(%);

ρ_c——室内重型击实试验所得到的试样最大干密度(g/cm³);

ρ_d——现场测点的干密度(g/cm³)。

最常用的压实度现场检测方法有环刀法和灌砂法,宕渣填料虽然粒径变化大,但经过强夯后的路堤没有较明显的空隙,故本研究采用灌砂法检测路堤压实度,所用主要仪器包括灌砂筒(ϕ200mm)和电子秤(ACS-30)。

2)重型动力触探试验

动力触探试验在岩土工程勘察中是十分重要的手段,其测试结果有较高的可靠性和代表性,确定地基承载力方面有突出的优点。《岩土工程勘察规范》(GB 50021—2001)将动力触探分为轻型、重型和超重型三种。重型动力触探主要适用于中砂~碎石类土,具有设备简单、经济快速等优点。根据宕渣填料路堤特点,现场选取重型圆锥动力触探,其技术指标见表4.5。本试验在图4.20所示部位进行重型动力触探试验,将质量63.5kg的穿心锤探头以自由落距76cm打入土中,根据重型动力触探锤击数$N_{63.5}$,按表4.6确定地基承载力特征值。根据该工程的设计文件及相邻标段成功的施工经验,路堤地基承载力值的合格标准为220kPa。填筑质量检测如图4.21所示。

重型圆锥动力触探技术指标　　　　表4.5

类型	落锤		探头		探杆直径(mm)	加载速度(击/min)	指标
	锤的质量(kg)	落距(cm)	直径(mm)	锤角(°)			
重型	63.5	76	74	60	42	15~30	贯入10cm的读数$N_{63.5}$

$N_{63.5}$ 与地基承载力关系表　　　　　　　　表 4.6

击数 $N_{63.5}$	3	4	5	6	8	10	12
地基承载力 R(kPa)	140	170	200	240	320	400	480

图 4.20　不同深度处压实度及承载力检测

图 4.21　松铺 8m 厚强夯填筑质量检测

4.2.2　质量检测结果

本试验的现场检测结果见表 4.7,其中填料试样的最大干密度采用重型击实试验所得,根据试验数据作了相同反挖深度范围内不同检测点的压实度及地基承载力的关系图,如图 4.22、图 4.23 所示。

由图 4.22a)可知,反开挖 1m 时,只有夯坑底部的测点压实度符合要求,夯坑之间测点的压实度均不合格;反开挖 2m 基本与反开挖 1m 各测点的压实度变化规律相似,但部分夯坑之间测点的压实度合格,且各测点压实度的变化幅度较开挖 1m 小;反开挖 3m

时,各测点的压实度变化幅度很小,且全部合格。总体而言,随着反开挖深度增大,夯坑底部测点的压实度变化不大,且基本全部合格,而夯坑之间各测点随着反开挖深度增大,压实度逐渐增大,直到反开挖3m时各测点压实度全部合格。

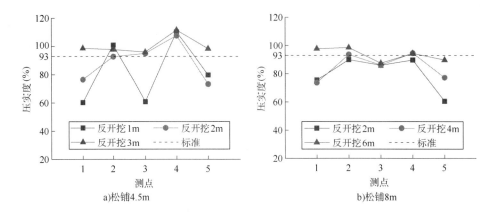

图4.22 试验段各开挖平面检测点压实度

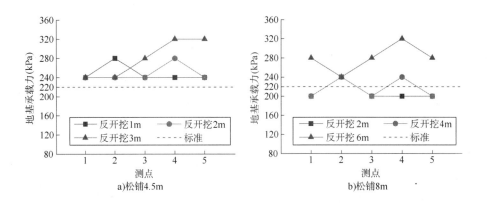

图4.23 试验段各开挖平面检测点地基承载力

图4.22b)中反开挖2m时,各测点的压实度均不合格,夯坑底部的压实度均大于夯坑之间点的压实度;反开挖4m时,各测点所表现出来的变化规律与开挖2m时相似,但变化幅度稍小,夯坑底部测点的压实度达到了标准要求;反开挖6m时,各测点压实度有所提高,变化幅度较小,合格率为60%。

图4.23a)中不同反开挖深度各测点的地基承载力均满足要求,合格率为100%;图4.23b)中只有反开挖6m时各测点的地基承载力都满足要求,而反开挖2m、4m时均有部分测点的地基承载力小于220kPa,且夯坑之间测点的地基承载力均不合格,该试验段全部测点地基承载力的合格率为53%。

试验段现场检测数据 表4.7

试验段及桩号	反开挖深度（m）	点号	压实度检测						地基承载力检测		
			含水率（%）	湿土密度（g/cm³）	干土密度（g/cm³）	最佳含水率（%）	标准干密度（g/cm³）	压实度（%）	检测深度（cm）	锤击次数	地基承载力（kPa）
松铺4.5m试验段 K18+200～K18+400	1	1	3.7	1.37	1.32			60.2	10	6	240
		2	4.3	2.31	2.21			100.9	10	7	280
		3	2.8	1.37	1.33			60.8	20	11	240
		4	4.2	2.52	2.41			110.2	20	11	240
		5	3.5	1.81	1.75			79.8	10	6	240
	2	1	7	1.8	1.67	5.6	2.19	76.4	10	6	240
		2	6.8	2.18	2.03			92.8	10	6	240
		3	7.1	2.24	2.08			95.0	10	6	240
		4	7.2	2.54	2.36			107.6	10	7	280
		5	5.1	1.69	1.60			73.2	10	6	240
	3	1	4.8	2.27	2.16			98.7	10	6	240
		2	6.5	2.29	2.14			97.8	10	6	240
		3	4.9	2.21	2.10			96.0	10	6	280
		4	5	2.57	2.44			111.5	10	8	320
		5	4.7	2.26	2.15			98.3	10	8	320
松铺8m试验段 K16+305～K16+640	2	1	4.2	1.7	1.63	6	2.16	75.4	10	5	200
		2	4.3	2.03	1.94			89.9	10	6	240
		3	4.2	1.94	1.86			86.0	10	5	200
		4	4.1	2.02	1.94			89.7	10	5	200
		5	4	1.36	1.31			60.4	10	5	200
	4	1	1.3	1.61	1.59			73.6	10	5	200
		2	2.8	2.08	2.02			93.6	10	6	240
		3	2.1	1.9	1.86			86.1	10	5	200
		4	1.8	2.08	2.04			94.6	10	6	240
		5	1.9	1.7	1.67			77.2	10	5	200
	6	1	3.2	2.18	2.11			97.7	10	7	280
		2	3.3	2.2	2.13			98.5	10	6	240
		3	3.1	1.95	1.89			87.5	10	7	280
		4	2.9	2.1	2.04			94.4	10	8	320
		5	3.1	2	1.94			89.7	10	7	280

综合分析，相对较浅反开挖平面内夯坑底部测点的压实度均明显大于夯坑之间测点的压实度，随着反开挖深度的增加，各测点的压实度有所增加，其中夯坑之间测点的压实度增加非常明显。根据相关研究，大颗粒填料在强夯后，其周边有较小的隆起，在地表的隆起范围为 1.5~2.0m，隆起部分大多由地表土体受振动后而松弛引起。随着深度的增加，其径向周围隆起的范围会逐渐变小。故两个试验段相对较浅开挖平面内，夯坑底部得到了充分的压实，其压实度相对于夯坑之间的测点较高，而夯坑之间由于强夯而发生隆起，土体甚至发生松弛，所以其压实度低，且均不合格。随着开挖深度增加，夯坑之间的区域得到有效压实，其压实度明显提高，和夯坑底部测点的压实度之差逐渐减小，其中松铺 4.5m 试验段反开挖 3m 平面各测点的压实度合格率达到 100%。且随着反开挖深度的增加，同一检测平面内的地基承载力平均值有逐渐增加的趋势。

通过对 K18+200~K18+400 高填方路堤松铺 4.5m 试验段和 K16+305~K16+640 高填方路堤松铺 8m 试验段检测数据分析，可得出如下结论：

（1）对两个试验段的现场试验数据进行分析，在 4000kN·m 的夯击能有效加固深度可达 6~7m，有效加固半径可达 4m。

（2）松铺 4.5m 层，一遍 4000kN·m 点夯是可行的，除夯点间 0~2m 范围内的振松层不能得到有效加固外，夯点以下及夯点间 2~4.5m 范围内的土体均可达到规定的密实度，且夯点间的振松层可通过表层推平补压及下一层夯点施工得到二次加固。

（3）松铺 8.0m 层，一遍 4000kN·m 点夯不可行，路基土体难以达到规定的密实度。试验段试验完成后，采用 8.0m 松铺层厚工艺施工的路基全部返工，采用松铺 4.5m 层一遍 4000kN·m 点夯重新施工。

4.3　宕渣路堤强夯快速施工质量控制

4.3.1　不均匀沉降控制措施

宕渣空隙较多、透水性较强，雨水容易沿坡面形成冲沟，或渗入路堤导致路堤本体产生沉降。此外，高填方路堤位于沟谷地带，有些工点原址就是小型水库、坑塘、水田，在暴雨季节易产生积水，导致基底软化，进而引起路堤沉降和失稳破坏的发生。因此，高填方路段应加强基底及坡面的防排水措施，及时将雨水排至路基范围之外。针对山区地形复杂,宕渣高填方路堤产生滑移的问题,依托工程总结提出了宕渣高填方路堤沉降控制技术,采取的具体措施(图4.24)可概括以下三个方面。

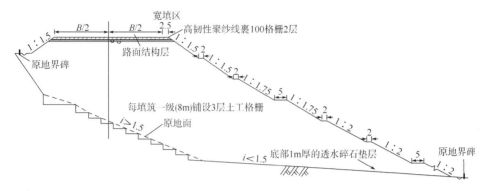

图4.24 高填方路堤稳定措施

措施一:采用土工格栅和强夯挤密的措施缓解路堤不均匀沉降。施工过程中每填筑一级(8m)铺设3层土工格栅,协调路堤变形,利用强夯产生的强大冲击力迫使宕渣挤密,减小由于土体压实不足造成的不均匀沉降。

措施二:加强排水、放缓边坡、加强护坡以增强路堤稳定性。通过调研发现,山区填方路堤在雨季容易出现路堤坡脚排水不畅、坡脚软化滑移、坡面病害严重的现象,因此,山区高填方路堤除了要加强坡面外,还应在底部铺设不小于1m厚的透水碎石垫层,以加强底部排水,坡面护坡应加强排水设计及变形能力,防止暴雨冲刷造成护坡结构失效。

措施三:采用超宽填筑、超高填筑预留沉降量,优先施工高填方路堤预留自然沉降期。高填方路堤工后沉降量大、沉降发展时间长,因此,高填方路堤须预留一个雨季并不少于6个月的自然沉降期;对于填高度超过60m的高路堤,预留1年以上的自然沉降期。路堤两侧超宽填筑2.5m,路基超高填筑1.0m,待自然沉降期结束后施工路面。

4.3.2 快速填筑施工质量控制措施

1)高填方路堤原地面处理措施

(1)路基填筑前,需对原地面进行处理,路基范围内原地面主要为腐殖土及耕植土,路基填筑前清除耕植土厚度一般为0.3m,当清表后的地基仍不满足规范要求时,应按照要求处理。

(2)当原地面横坡坡率陡于1:5且不大于1:2.5时,原地面应挖台阶,台阶宽度不小于2m且设置向内2%~4%的坡度。

2）路堤填料的技术要求

(1) 膨胀性岩石、易溶性岩石和盐化岩石不应用于路堤填筑，强风化石料、崩解性岩石不应直接用于路堤填筑。

(2) 填料粒径要求。

路基填料使用路基填筑段大小里程桩号方向路堑段爆破产生的宕渣，就近运至填筑段。软质岩路堤填料粒径应不大于50cm，并宜不超过层厚的2/3。硬质岩路堤填料粒径不应大于30cm；路床底面以下400mm范围内，填料最大粒径不得大于150mm，其中小于5mm的细料含量应不小于30%。对于粒径不符合要求的石块，若粒径过大，则采用破碎锤对大块石头进行处理，使其成为符合路基填筑的填料，再次处理后石方粒径依然不合格的填料，将其筛挑出后，作为弃方运至指定位置进行处理。填料中不应含有草皮、生活垃圾、树枝、树根腐殖质土等。

3）碾压区与强夯区划分

采用松铺4.5m+4000kN·m强夯快速施工法填筑下路堤，将高填方路堤划分为边缘分层碾压区，其中边坡坡面向内2m范围内为填筑1区，路基内部核心区域为填筑2区。填筑1区采用分层重型压路机碾压施工，碾压层厚不超过1m；填筑2区采用强夯快速施工，松铺厚度可达4.5m。分区填筑施工示意图如图4.25所示。

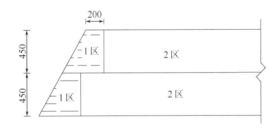

图4.25 分区填筑施工示意图(尺寸单位:cm)

4）路堤填料摊铺整平与强夯施工

(1) 路基填筑按横断面全宽纵向水平分层填筑压实，当原地面高低不平时，先从最低处分层填筑，每层由里向外填筑；填料采用挖掘机或装载机配合自卸汽车运输，运到填土路段，用推土机粗平，平地机精平，使用试验获取的振动压路机组合设备进行压实。填土的松铺厚度、压实遍数、最佳含水率，应严格按试验的参数进行施工。图4.26为核心强夯区与分层碾压区实景。图4.27为强夯快速施工现场实景。

图 4.26 核心强夯区与分层碾压区实景

图 4.27 强夯快速施工现场实景

(2)每 10~20m 设一组高程点,为保证路基压实度符合要求,路基两侧超宽碾压 50cm,同一水平层路基的全宽应采用同一种填料,不得混合填筑。

(3)填筑区段完成一层卸料后,根据设计填土高度及由试验段确定的分层松铺厚度及强夯参数。采用推土机摊铺平整,平地机精平,做到摊铺面在纵向和横向平顺均匀。在摊铺的同时,填筑层顶面向两侧做成 2% 的横坡,以利路基面排水。

(4)路基两侧边缘填筑 1 区摊铺厚度不超过 1m,采用分层填筑、分层碾压的工法。碾压采用 26t 振动压路机先两边后中央平行操作,前后两次轮迹重叠三分之一以上,路基两侧加宽碾压以保边坡密实。碾压时,顺路基纵向方向碾压,先静压 2 遍,碾压速度控制在 1.5~1.7km/h 之间,中间碾压次数由弱振到强振,碾压速度控制在 2.0~2.5km/h 之间。碾压过程中,严禁压路机在已完成的或正在碾压的路段上"掉头"和急制动。碾压完成后进行压实度检测,检测合格后方可进行下一层施工。

(5)路基填筑 2 区与填筑 1 区同步上料。核心强夯区逐层松铺不碾压,累计达到 4.5m 厚度时,直接采用大能量强夯进行填料夯实。汽车卸料时按先高后低、先两侧后中央的原则卸料。填料含水率控制在最佳含水率的 ±2% 以内,大致达到最大松铺厚度后用推土机推平,对个别大的硬质石块采用机械破碎,个别不平处采用人工配合用细石块、石渣找平空隙,路基边部机械处置不到位的采用人工整修,整体整平后,测出松铺厚度是否符合填筑要求,一般控制在4.5m厚。

强夯采用一遍点夯处理,夯点间距4.0m,采用的强夯能级为4000kN·m。分层强夯时,上层点夯位置应布置在下层四个夯点中间位置。根据前一层夯点布置情况,采用全球定位系统(Global Positioning System,GPS)放出第二层夯点,要求两层夯点位置错开(图4.28)。

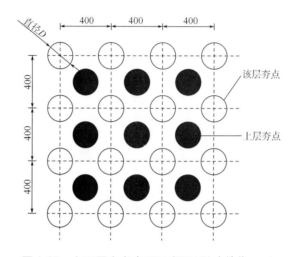

图4.28 上下层夯点布置示意图(尺寸单位:cm)

夯前应检测锤重与落距,夯完之后复核夯坑位置,发现偏差及时调整。如发现坑底倾斜造成夯锤倾斜,需及时整平坑底。每个夯点至少夯击8锤,至最后两击夯沉差小于5cm。夯点测量定位允许偏差±5cm,夯锤就位允许偏差±15cm,夯锤落距允许偏差±30cm,夯点间距允许偏差±50cm。每批次点夯完成后,推土机将夯坑周围路基填料推至夯坑内,将夯坑推平,用26t的振动压路机将路基面整体碾压密实。

在涵洞、桥(墩)台等结构物附近施工路基的,除先行施工路基后施工结构物的,强夯施工范围应与结构物预留出一定安全距离,以水平方向15m、垂直方向8m为界。

5)路基施工质量检测

当填方路基填筑至4.5m高并经过强夯补强施工,将夯坑推平并碾压密实后,方可全断面进行路基台阶开挖,检测压实度。强夯完成后检测不同深度处的密实度,密实度检测采用密度法(灌水法为宜)。每填筑一层检测中线偏位和宽度。主要施工检测项目及频率参考《公路路基施工技术规范》(JTG/T 3610—2019)。

每处压实度检测点台阶挖设按照首级台阶0.7m高,之后每级台阶1m高,以1:1坡率沿路基横向分台阶全断面反开挖路基,检测每级台阶处压实度是否达到规定,台阶另一侧按1:1放坡保证台阶基坑稳定性。按照此种方式挖设台阶,可确保每级台阶处的检测位置能够反映该层层底30cm处的压实度情况。每级台阶压实度符合要求后,方可进行下一阶段施工。压实度检测台阶挖设示意图如图4.29所示。

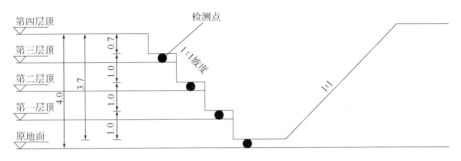

图4.29 反开挖监测路基压实度示意图(尺寸单位:m)

4.4 强夯快速成型高路堤沉降控制效果监测

上述宕渣高填路堤强夯加固深度试验完成后,依托工程采用4000kN·m大能量强夯快速施工工艺,划分了路堤分层碾压区和核心强夯区,取消了核心区逐层碾压工序,核心区松铺厚度达到4.5m。先填筑层会在自身重力作用、后填筑层荷载作用、细料随水下渗作用等因素下逐渐压密、填充。而强夯法依靠强大的动力冲击,迫使岩土颗粒位移,加固深度大、加固范围广,且该方法机械设备简单,击实效果显著,施工中不需要铺洒细粒料,施工速度快,极大地提高了施工速率。按照该施工工艺,每填筑4m需15d,较工况一常规的50cm分层摊铺碾压+每填筑2m一遍冲击碾压+每填筑8m一遍普夯的施工方法可节约工期30d,项目整体可节约工期20个月,施工速度大大提高。

为验证强夯快速成型高路堤沉降控制效果,开展了强夯快速成型高路堤沉降变形长期监测。监测结果如下:

(1)宕渣高填方试验段1。

该处路堤最大填土高度64m,填方区域原址为小型水库,填方量约200万m^3,沉降测点埋设在路中线。

首次观测时间为2020年7月19日,监测工作持续到2021年11月30日,历经2个雨季，共499d，监测期内共进行40次监测，累计沉降量-日期变化曲线如图4.30所示，累计沉降速率-日期变化曲线如图4.31所示。

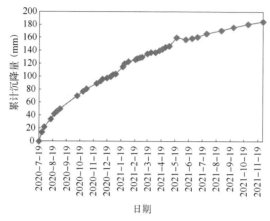

图4.30　累计沉降量-日期变化曲线

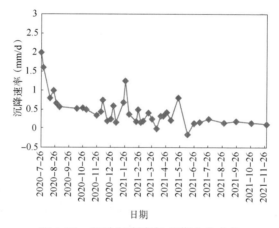

图4.31　累计沉降速率-日期变化曲线

综合分析该处高填方路堤沉降监测数据可以看出：

①监测期内该处高填方路堤沉降量逐渐增大，至监测结束累计沉降185mm；

②监测期内沉降速率整体随时间逐渐下降，2021年5月由于降雨，路堤沉降速率有所加快；

③至监测结束时沉降速率3mm/月，路堤沉降基本稳定。

（2）宕渣高填方试验段2。

该处填方最大填土高度80m，填方量约267万m³，填方区域原址为坑塘，沉降测点埋设在路中线。首次观测时间为2020年11月10日，监测工作持续到2021年11月30日，经历2个雨季，共385d，监测期内共进行32次监测，累计沉降量-日期变化曲线如图4.32所示，累计沉降速率-日期变化曲线如图4.33所示。

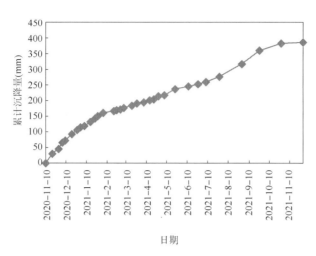

图 4.32 累计沉降量-日期变化曲线

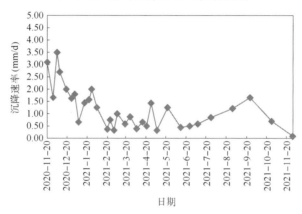

图 4.33 沉降速率-日期变化曲线

综合分析该处高填方路堤沉降监测数据可以看出：

①监测期内该处高填方路堤沉降量逐渐增大，至监测结束累计沉降 386mm；

②自监测开始至 2021 年 5 月中旬，沉降速率整体呈下降趋势，由起始的 3mm/d 下降至 0.3mm/d；

③2021 年 5 月下旬至 2021 年 9 月沉降速率逐渐增大，峰值 1.6mm/d，主要原因在于 2021 年雨季强降雨引起路堤沉降速率有所加快；

④2021 年 10 月之后，随着雨水的减少，沉降速率逐渐下降，至监测结束时路堤月沉降 3mm，沉降趋于稳定，可以铺筑路面。

沉降监测结果表明，对于路基中心填方高度均超过 60m 的宕渣高填方路堤，采用强夯快速施工法应预留 1 年以上的自然沉降期。路面铺筑完成后 1 年后，现场调查发现路面使用状况良好，无明显裂缝(图 4.34)。

图 4.34 依托工程高填方路堤建成通车

4.5 本章小结

本章采用数值模拟的方法对路基进行夯击能 2000kN·m、4000kN·m、6000kN·m 的强夯模拟分析,采用 4000kN·m 的夯击能进行了松铺 4.5m、8.0m 强夯快速施工试验,得到的主要结论有:

(1)室内数值模拟表明,夯击能 2000kN·m、4000kN·m、6000kN·m 强夯的有效加固深度分别为 5.5~6.2m、7.5~8m、9~9.7m,锤间距(中心距)分别不宜大于 3.5m、4.5m、5m。

(2)依托工程现场试验表明,取消分层碾压工序后,采用 4000kN·m 的夯击能,夯点间距为 4m 时,强夯加固的有效深度可达 6m,路基核心强夯区(填筑 2 区)虚铺层厚不宜超过 4.5m。点夯过后夯点间表层 0~2m 厚的土层被振松。

(3)大能量强夯快速施工技术将高填方路堤划分为分层碾压区和强夯快速填筑区,保证了边缘部位和上路堤的施工质量。核心区采用 4000kN·m 强夯快速施工,取消了逐层碾压工序,松铺厚度达到 4.5m,每填筑 4m 仅需 15d,完成依托工程一处 260m^3 体量的高路堤填筑,较常规的分层摊铺+逐层碾压的施工方法可节约 20 个月,为路堤自然沉降争取了宝贵的时间,有效地提高了施工速率和质量。

(4)通过采用土工格栅+强夯挤密缓解路堤不均匀沉降,加强排水、放缓边坡、加强护坡以增强路堤稳定性,超宽、超高填筑预留沉降量,优先施工预留沉降期等技术措施可以有效保证高填方的施工质量、控制工后沉降量。

5
CHAPTER 5

公路高填方路堤稳定性监测技术

基于公路线形指标、造价等多方面要求，高填深挖路基成为山区高等级公路一种重要的结构形式。山区地形起伏较大，出于对经济效益和环境保护的考虑，遵循因地制宜、就地取材的原则，多采用"挖山填沟"的方式修筑高等级公路，填方高度可达数十米，填方量可达数十万方甚至超过百万方。一方面，山区地形、地质条件复杂多变，在暴雨等工况下易引发高填方路堤失稳破坏，威胁周边环境；另一方面，山区公路填料多为宕渣，其组成复杂、填料粒径变化大、较难压实，易出现较大的工后沉降和不均匀沉降，进而引起路面结构的过早破坏，直接影响行车舒适性和驾乘人员安全。因此，作为区域交通基础设施的重要组成部分，高填方路堤的安全性不仅直接影响交通基础设施的稳定安全运营，也是山区环境重要的灾害风险点。所以，为及时了解和掌握高路堤及特殊路基的变形动态和安全性，进而达到验证设计、指导施工、保证高路堤正常安全使用的目的，采用科学的方法对岩土体变形和结构受力开展监测具有重要意义。

自动化监测、三维激光扫描技术、分布式光纤应变传感技术已在边坡监测工程中得到成功应用。此外，还有基于地理信息系统（Geographic Information System，GIS）的大数据、近景摄影测量、雷达监测等技术。目前国内工程建设领域的相关监测规范主要有《建筑基坑工程监测技术标准》（GB 50497—2019）、《软土地基路基监控标准》（GB/T 51275—2017）、《城市轨道交通工程监测技术规范》（GB 50911—2013）、《煤炭工业露天矿边坡工程监测规范》（GB 51214—2017）等，相关规范对表面水平位移、表面沉降、深层水平位移、深层沉降、支护结构应力等具体监测指标的量测方法作出了规定，可直接用于指导公路高填方路堤监测。而关于监测等级划分、监测断面间距、监测内容、监测频率、监测预警值等内容，不同监测对象相差较大，相关规范的适用范围如下：

（1）《建筑基坑工程监测技术标准》（GB 50497—2019）规定了建筑基坑及支护结构测点布置、监测频率、监测精度要求和预警值等内容，适用范围为建筑基坑及周边环境的工程监测。

（2）《软土地基路基监控标准》（GB/T 51275—2017）规定了公路软土路基监测等级划分、监测断面间距、测点布置、监测频率等内容，适用范围为软土地基路基监测。

（3）《城市轨道交通工程监测技术规范》（GB 50911—2013）规定了基坑和隧道结构、周边环境及线路结构监测断面间距、监测点布置、指标监测方法、监测频率等内容，适用范围为轨道工程结构和周边环境的监测。

（4）《煤炭工业露天矿边坡工程监测规范》（GB 51214—2017）规定了排土场边坡监测内容、测点布置、监测方法的相关规定，适用范围为露天煤矿采场边坡、排土场边坡在建设与开采阶段的工程监测。

由于公路高填方路堤与建筑基坑、软土路基、轨道交通、排土场在结构形式、变形特性、施工方式、运营管理等方面均有比较大的差异,已有的相关规范无法直接指导公路高路堤的监测工作,因此,公路高路堤施工期与运营期的监测等级划分、监测断面间距、监测内容、监测频率、监测预警值等需进一步明确。

5.1 公路高填方路堤监测等级划分

公路高填方路堤监测等级主要与公路等级、路堤高度、地质条件、地形条件、周边环境等因素有关,其中,路堤高度、地质条件、地形条件三个因素属于决定路堤自身安全等级的因素,因此,路堤监测等级可根据路堤安全等级、周边环境风险等级、公路等级三个条件综合确定。

5.1.1 公路路堤安全等级

公路路堤安全等级根据路堤高度、地质条件、地形条件,按表5.1确定。

路堤安全等级划分　　　　　　　　　表5.1

路堤填高	地质、地形条件	安全等级
—	软土地区、库区、采空区、滑坡地段路基	Ⅰ级
边坡高度 $H \geqslant 40$m 或中心填高 $H_t \geqslant 20$m	—	Ⅰ级
20m$\leqslant$边坡高度 $H<40$m 或10m$\leqslant$中心填高 $H_t<20$m	基底斜坡坡度 $\alpha \geqslant 20°$	Ⅰ级
	基底斜坡坡度 $\alpha < 20°$	Ⅱ级
边坡高度 $H<20$m 或中心填高 $H_t<10$m	基底斜坡坡度 $\alpha \geqslant 20°$	Ⅱ级
	基底斜坡坡度 $\alpha < 20°$	Ⅲ级

5.1.2 周边环境风险等级

周边环境风险等级考虑路堤一定范围内有无重要设施,按表5.2确定。表中 H 为填方边坡高度。

周边环境风险等级划分　　　　　　　　　表 5.2

周边环境条件	风险等级
路基下方 1.5H 范围内有道路、地表建筑物、地下埋藏物、高压线塔、水体等设施	Ⅰ
路基下方 2H 范围内有道路、地表建筑物、地下埋藏物、高压线塔、水体等设施	Ⅱ
设施位于上述范围以外	Ⅲ

5.1.3　高填方路堤监测等级

公路高路堤监测等级根据路堤安全等级、周边环境风险等级综合确定,按表 5.3 确定。作为区域内唯一通道的三、四级公路,路堤监测等级宜提高一级。

公路路堤监测等级划分　　　　　　　　　表 5.3

路堤安全等级	周边环境风险等级	监测等级		
		高速、一级公路	二级公路	三、四公路
Ⅰ	Ⅰ、Ⅱ、Ⅲ	一级	一级	二级
Ⅱ	Ⅰ			
	Ⅱ、Ⅲ	二级	二级	三级
Ⅲ	Ⅰ			
	Ⅱ、Ⅲ	三级	三级	三级

注:作为区域内唯一通道的三、四公路,路堤监测等级宜提高一级。

5.1.4　监测周期及不同监测阶段的工作要求

施工安全监测起于工程施工前,止于工程交工验收;工程效果监测起于工程交工验收,与施工安全监测阶段相衔接,止于公路运营后不少于 1 年;运营安全监测应与工程效果阶段监测阶段相衔接,止于工程竣工验收后不少于 2 年。根据不同的监测目的和要求,根据不同的监测对象、不同的监测阶段和不同的监测等级,按照表 5.4 所列的监测阶段要求开展监测工作。表中"应做"为正常情况下应进行监测,"宜做"为有条件宜进行监测,"可不做"为可不进行监测。

不同工程阶段的监测要求 表5.4

监测等级	监测等级		
	施工安全监测	工程效果监测	运营安全监测
一级	应做	应做	宜做
二级	应做	宜做	可不做
三级	宜做	可不做	可不做

5.2 公路高填方路堤监测方案

5.2.1 路堤监测项目

高路堤监测项目主要包括路表沉降监测、分层沉降监测、边坡坡体及支护结构变形监测、支护结构应力监测等。不同监测阶段各监测项目的要求根据表5.5确定。地表位移用于路堤边坡稳定性评估,主要包括边坡表面水平位移、坡脚水平位移(软土地区)、坡脚隆起(软土地区)等。深层水平位移监测可以推定土体剪切破坏位置,对于地面坡率陡于1∶2.5的高路堤,需要进行深层水平位移监测,非陡坡地段的高路堤在必要时进行深层水平位移监测。深部沉降主要包括地基分层沉降(软土地区)、基底沉降(采空区),其中地基分层沉降监测可以得到不同地层的变形情况,对于存在软弱夹层、多层软土的地基,需要进行分层沉降监测;采空区路堤需进行路堤下原地面的沉降监测。路表沉降用于工后沉降监控,预测工后沉降趋势。采用膨胀性岩土等对水分比较敏感的填料填筑的高路堤,应进行路基湿度监测。运营期监测主要针对位移尚未稳定的路堤,对于位移趋于稳定的高路堤,运营期可以巡视为主。

公路高路堤主要监测内容 表5.5

监测阶段	监测等级	监测指标							
		地表位移	深部水平位移	深部沉降	路表沉降	地表裂缝	支护结构变形	结构应力	路基湿度
施工安全监测	一级	应测	应测	宜测	应测	应测	应测	宜测	宜测
	二级	应测	宜测	宜测	应测	应测	应测	宜测	宜测
	三级	应测	宜测	可不测	宜测	应测	应测	可不测	可不测

续上表

监测阶段	监测等级	监测指标							
		地表位移	深部水平位移	深部沉降	路表沉降	地表裂缝	支护结构变形	结构应力	路基湿度
工程效果监测	一级	应测	应测	宜测	应测	应测	应测	宜测	宜测
	二级	宜测	宜测	宜测	宜测	应测	应测	应测	宜测
	三级	可不测	可不测	可不测	可不测	应测	宜测	可不测	可不测
运营安全监测	一级	宜测	宜测	宜测	宜测	应测	应测	宜测	宜测
	二级	可不测	可不测	可不测	可不测	应测	宜测	可不测	可不测
	三级	可不测	可不测	可不测	可不测	应测	可不测	可不测	可不测

5.2.2 监测断面与测点设置

1）监测断面设置原则

为便于评估路堤的变形与稳定状态,监测点宜采用断面形式布置。应根据公路高路堤的监测等级、路段长度、地质地形特征、潜在滑动面特征和视通条件布设监测断面。监测断面的布设应能达到系统监测路基变形量和变形方向,掌握其时空动态和发展趋势,满足预测预报精度的要求。

路堤变形监测断面水平设置间距,监测等级为一级时,宜为30~50m,不宜少于2个;监测等级为二级时,宜为40~60m,不宜少于2个;监测等级为三级时,不宜超过100m。场地地形变化较大、地基均匀性差、软弱土分布区、与桥涵结构物衔接处等区域宜适当加密。

2）监测点设置原则

基于工程实践经验,监测点的设置应遵循以下原则:

（1）监测点的布置应不妨碍监测对象的结构安全,并应减少对施工作业的不利影响。

（2）监测点的设置宜考虑施工期和运营期监测工作的双重需要。

（3）监测点应布设在位移与受力较大及能表征路基和周边环境安全状态的关键部位,不同项目的监测点宜布设在同一断面上。

(4)监测点的布设可在监测过程中根据变形情况进行动态调整,变形剧烈位置宜及时补充测点。

5.2.3 监测点布设要求

根据公路高填方路堤变形特性,本书提出以下测点布设要求供参考选用:

(1)表面沉降、分层沉降监测点宜设置在路中线、路肩等处,分层沉降监测点竖向间距宜根据地基地层分布情况确定。

(2)采用剖面沉降仪等剖面沉降测量手段的应在路基上(或基底)开槽设置。

(3)表面水平位移测点应设置在边坡平台和坡脚处,保证路堤一侧断面上不少于3个点。软土地区宜在坡脚以外10m范围内设置3~4个水平位移测点。

(4)分层沉降监测每个监测断面不应少于2个监测点,监测点在竖向上宜布设在各土层分界面上,在厚度较大土层中部应适当加密。

(5)深层水平位移测点应设置在坡脚和边坡平台上,测点数量应能判断高路堤的稳定状况并不少于2个,应通过钻孔在边坡内部安装测斜管,监测深度应依据潜在滑动面的位置确定,监测深度应超过潜在破坏面5m。

(6)沉降与水平位移观测点宜布置在同一横断面上。

(7)裂缝监测点应选择有代表性的裂缝进行布置,每条裂缝的监测点至少应设2处,且宜设置在裂缝的最宽处及裂缝末端。

(8)锚索(杆)应力监测点数量不宜少于锚索(杆)总数的5%,且不应少于3根。

(9)地下水位监测点间距宜为20~50m,不应少于3个。

(10)工程效果监测的监测点布设宜与施工期安全监测相一致,必要时可以酌情调整或增减监测点。运营期监测的监测点可少于施工安全监测和工程效果监测。

5.2.4 监测精度

不同监测项目、不同工程阶段应采用不同的监测精度,在参考国内相关规范的基础上,结合公路高填方变形特点,本书提出以下监测精度供参考选用:

(1)高路堤沉降监测精度要求按表5.6确定。

(2)以位移预警值的1/10~1/20作为表面水平位移监测的精度指标值,具体精度根据路堤水平位移预警值按表5.7确定。

(3)分层沉降监测精度不宜低于2mm。

(4)深层水平位移监测的精度应不大于2mm。

(5)地表裂缝的观测中误差不大于3mm。

(6)地下水位监测的允许误差不大于20mm。

高路堤沉降监测精度 表5.6

监测阶段	观测点的高程中误差(mm)	相邻点的高差中误差(mm)
施工安全监测	2.0	1.0
工程效果监测	1.0	0.5
运营安全监测		

表面水平位移监测精度要求(单位:mm) 表5.7

水平位移预警值（累计值）	≤40	40~60	>60
坐标中误差	1.5	2.0	3.0

5.2.5 监测频率

监测项目的监测频率应综合考虑路堤监测等级、工程阶段、自然条件变化等因素确定。对于应测项目,公路高路堤各监测阶段的监测频率可参考表5.8选用,当监测值相对稳定时,可适当降低监测频率。宜测、可不测项目的监测频率可较应测项目适当降低,巡视检查的频率不应低于应测项目的监测频率。

公路高路堤各监测阶段的监测频率 表5.8

监测阶段		监测等级		
		一级	二级	三级
施工安全监测	变形活跃	1次/d	1次/2d	1次/3d
	变形收敛	1次/7d	1次/10d	1次/14d
工程效果监测 运营安全监测	雨季	2次/月	2次/月	1次/月
	旱季	1次/月	1次/月	1次/2月

当有下列情况之一时,应提高监测频率:

(1)监测数据达到预警值;

(2)监测数据变化较大或者速率加快;

(3)支挡结构出现开裂;

(4)边坡出现裂缝、滑移、隆起;

(5)春融季节(位于季冻区富水地基的路段);

(6)暴雨或长时间连续降雨。

5.2.6 监测预警值

目前,公路路堤沉降与稳定监控指标主要有日沉降(位移)量、月沉降(位移)量和沉降(位移)速率等,其具体值往往按经验确定。从国内高速公路施工经验看,采用监测路堤地基沉降速率和坡面(坡脚)水平位移速率的方法对路堤稳定性进行控制是方便、有效的。

《公路路基设计规范》(JTG D30—2015)、《公路软土地基路堤设计与施工技术细则》(JTG/T D31-02—2013)和《铁路工程沉降变形观测与评估技术规程》(Q/CR 9230—2016)推荐采用双标准控制方法,即:路堤中心线地面沉降速率每昼夜不大于10mm,坡脚水平位移速率每昼夜不大于5mm。因此,对高路堤施工监测评判指标定为:地基沉降速率≤10mm/d,坡面(坡脚)和深层水平位移速率≤5mm/d。观测结果需结合沉降和水平位移发展趋势进行综合分析,并以水平位移控制为主,如超过此限需立即停止加载。当停止加载后,每天仍需进行沉降与稳定观测,并且当连续3d的观测值在控制值之内时才能继续加载。

综上所述,出现以下情况应进行监测预警:

(1)填筑期间路堤中心地基沉降速率大于10mm/d。

(2)地表水平位移速率大于5mm/d。

(3)深层水平位移速率大于3mm/d,或位移变化曲线上出现明显拐点。

(4)路堤土体已出现可能导致边坡剪切破坏的迹象或其他可能影响安全的征兆。

5.3 路基稳定性评估

应利用各种已监测信息,综合采用表观法、预警值法、拐点法、趋势法等方法进行稳定性评估。

(1)采用表观法评估路基稳定性的要求如下:

①当根据裂缝、滑移、隆起等现象评估路基稳定性时,应先分析裂缝、滑移、隆起等现

象的性质和原因。

②裂缝的性质和原因可根据裂缝的位置、数量、间距、走向、宽度和长度等确定。

③当路基状况恶化导致路基开裂、滑移、坡脚隆起时,应对路基稳定性进行预警。

(2)采用预警值法评估路基稳定性的要求如下:

①预警值应根据路基设计要求确定,当无具体要求时,可按参考前述预警值。

②当沉降速率、水平位移速率达到预警值的80%时,应结合其他监测内容和方法综合分析,评估路基稳定性。

③当连续2d的沉降速率或水平位移速率达到预警值的60%,或连续3d的沉降速率或水平位移速率达到预警值的40%时,应进行预警。

(3)采用拐点法评估路基稳定性的要求如下:

①当监测参数与监测时间关系曲线出现拐点时,应根据拐点前后曲线情况并结合降雨、工程阶段、周边环境变化等信息评估路基稳定性。

②当监测参数与时间关系曲线拐点后斜率大于拐点前斜率的2倍时,应进行预警。

③深层水平位移宜采用最大位移值。

④当深层水平位移曲线出现突变,应进行预警。

(4)采用趋势法评估路基稳定性的要求如下:

①当监测参数与监测时间关系曲线出现拐点,且拐点后斜率大于拐点前斜率的2倍时,应综合分析后进行预警。

②当位移速率短期内不断增大时应进行预警。

③当水平位移速率长期缓慢衰减,水平位移不收敛时应进行预警。

④对于软土路基,当路基荷载、周边条件不变,沉降速率、水平位移速率、孔隙水压力等增大的时间超过60d时,宜进行预警。

路基稳定性评估应利用监测断面上所有监测点的监测资料,并应根据各监测点的评估结果综合判断路基稳定性。滑动面位置与路基的断面形状、尺寸以及地基薄弱土层的空间分布相关,监测断面上监测点数据越全面,越有利于准确反映路基的变形特征和潜在滑移趋势。为避免误判,需分别利用监测断面不同位置测点的监测结果评估路基稳定性。

当路基内外部条件发生变化时,路基稳定性评估应分析路基条件变化的影响。滨海、临河或水库地区等浸水路基周边水位的变化会对路基产生渗透压力、冲刷力等影响,连续的强降雨造成路基土体含水率的变化会直接导致土体的抗剪强度发生改变,路基附近开挖作业、路基病害处治等均会导致路基沉降、位移、孔压及其速率的变化,上述因素对路基稳定性均可能产生潜在的影响,因此,路基稳定性评估需根据工程情况具体分析。

5.4 基于 t 分布变异粒子群神经网络的路基沉降预测模型

5.4.1 路基沉降预测方法

路基的沉降量很难计算准确,路基的计算沉降量与路基实际沉降量往往相差较大。造成这种情况主要有以下几个原因:一是计算参数的选择问题;二是在沉降计算中,沉降系数范围较大,难以确定;三是侧向挤出量难以定量估计,对于填土高度较高的软土路基,这一部分可能会较大。

随着高速公路大规模建设、传感器和电子技术不断发展,人们通过现场实际采集大量的路基沉降数据来计算路基沉降量与时间的关系并推算其最终沉降量,这种方法的突出优点在于避免了室内试验和理论计算假设条件存在的不足。在土力学和计算机广泛发展的今天,国内外提出了多种路基沉降的预测方法,但这些方法都有其各自的适用性和优缺点,在实际工程应用中都遇到很多问题。

近年来,人工神经网络成为人工智能领域的一处热点,它通过模拟生物神经网络,按照不同的连接方式组织网络结构,构建计算模型,以其良好的自适应、自学习以及非线性映射能力广泛应用于路基沉降预测领域的研究。由于路基沉降受各方面影响因素众多,且变化规律难以捉摸,很难将其表达为显式的数学公式,而人工神经网络则很好地处理了这个难点,它将函数表达式转化为高维的非线性映射,这使得神经网络可以很好地适应不同情况的数据,对于处理路基沉降预测问题有很好的效果。

5.4.2 BP 神经网络

人工神经网络是模仿生物大脑的功能来进行信息处理的模型。生物大脑是由大量神经元组成的,它们通过特定的结构和方式联系结合起来,同时又会依据某些激励来保持兴奋或抑制。人工神经网络也是使用类似的方法来处理问题,将其应用于各项领域目前已取得了突出的成果。

1986年,著名的反向传播(Back propagation,BP)神经网络产生,它是现如今使用最为广泛的误差反向传播的神经网络,为一种前向神经网络。目前,BP神经网络已经被广泛应用于多个领域,包括模式识别、数据挖掘、自动控制等。

BP神经网络采用的学习方式是有监督学习,BP神经网络算法的本质是通过训练调整网络的参数从而使误差函数达到最小值,网络权值阈值的调整是沿着梯度下降的方向来进行,算法调整的过程可分为两步:

(1)信号的正向传递。输入信号通过传递函数处理之后会产生一个输出,将此输出再作为下一层的输入,不断向后层传递,产生网络最终输出,并实际输出与期望输出作对比。

(2)误差反向传递。计算网络的实际输出与期望输出之间的误差,按照信号正向传递相反的方向,以误差最小为原则来进行反向的权值阈值调整,直到达到原定的目标为止。

BP神经网络以其良好的非线性映射能力已被一些学者应用于路基沉降预测工程实例中并取得了一定的成果,其路基沉降预测流程图如图5.1所示。

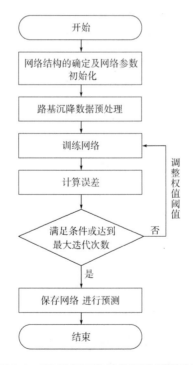

图5.1　BP神经网络路基沉降预测流程

5.4.3 粒子群算法

5.4.3.1 标准粒子群算法

粒子群算法（Particle Swarm Optimization，PSO）是由 Kennedy 和 Eberhart 于 1995 年提出的一种智能优化算法，它通过模拟鸟群觅食的过程来寻找问题的最优解。该算法有诸多优点，包括概念简单易于理解、收敛速度较快、参数少、寻优能力强等，尤其在处理连续非线性优化问题中有着杰出的表现，一经提出便受到了学者们的强烈关注，被广泛研究并应用于各项领域中。

粒子群算法模拟了鸟类觅食的过程，算法将待优化问题看作是要觅食的鸟群，每一个粒子为一只鸟，代表该问题的一个潜在解，问题的搜索空间即为鸟的飞行空间。粒子根据自身信息以及群体信息不断调整速度与位置，通过多次迭代更新，最终向最优解靠拢。粒子的好坏与否可以通过适应度函数值判断，适应度函数可以选择目标函数，也可以选择目标函数的变体。

粒子的速度更新与位置更新公式为：

$$v_{id} = w \times v_{id} + c_1 \times r_1 \times (x_{id}^{\text{pbest}} - x_{id}) + c_2 \times r_2 \times (x_d^{\text{gbest}} - x_{id}) \tag{5.1}$$

$$x_{id} = x_{id} + v_{id} \tag{5.2}$$

式中：w——惯性系数；

c_1、c_2——学习因子；

v_{id}——不同迭代次数下粒子的速度；

x_{id}——不同迭代次数下粒子的位置；

i——第 i 个粒子；

d——待优化问题的维度；

r_1、r_2——$[0,1]$ 之间的随机数；

pbest——第 i 个粒子的自身历史最优位置；

gbest——群体的全局最优位置。

5.4.3.2 粒子群算法优化 BP 神经网络

将粒子群算法与 BP 神经网络相结合，可以改善传统 BP 神经网络存在的对初始值敏感、易陷入局部极值的缺点,从而提升网络的性能,使其更好地应用于实际的预测工作中。

粒子群算法优化 BP 神经网络(PSO-BP)的基本操作步骤如下:

第一步:确定 BP 神经网络的结构和参数。

第二步:确定粒子群算法的参数,包括种群规模、惯性权重、学习因子、粒子最大速度、粒子位置范围、最大迭代次数、粒子维度等,根据 BP 神经网络的误差确定算法的适应度函数。每个粒子包含 BP 神经网络所有权值阈值。

第三步:根据适应度函数公式计算各粒子的适应度。

第四步:更新粒子群自身历史最优与全局最优位置。

第五步:各粒子按照速度更新公式和位置更新公式进行更新。

第六步:若满足了目标误差值或者达到了最大迭代次数则停止算法,否则转向第三步。

第七步:将粒子群算法的全局最优输出作为 BP 神经网络的初始权值阈值,再进行网络训练。

第八步:BP 神经网络训练结束,保存网络。

5.4.3.3 自适应 t 分布变异粒子群算法

传统的粒子群算法在搜索寻优的过程中存在易早熟收敛、陷入局部极值等不足,为了解决上述问题,需要对粒子进行适当操作以帮助其跳出局部极值区域,提升种群的多样性。受同为智能优化算法的遗传算法(GA)所启发,本章将遗传算法中的变异思想引入粒子群算法,变异可以将处于局部极值区的粒子释放出来,使其在更广阔的空间内进行搜索寻优,其中使用较为广泛的是高斯变异以及柯西变异。高斯算子的概率密度表达式为:

$$f(x) = \frac{1}{\sqrt{2\pi}\sigma}\exp\left[-\frac{(x-\mu)^2}{2\sigma^2}\right] \tag{5.3}$$

上式可以记作 $x \sim N(\mu,\sigma^2)$,其中 μ 为位置参数,σ 为尺度参数。标准高斯分布可表示为 $N(0,1)$,其期望值是 0,方差值为 1。高斯变异的扰动范围较小,有着良好的局部开发能力。

柯西算子的概率密度表达式为:

$$f(x;x_0,\gamma) = \frac{1}{\pi}\left[\frac{\gamma}{(x-x_0)^2+\gamma^2}\right] \tag{5.4}$$

式(5.4)可以记作 $x \sim C(\gamma, x_0)$，其中 γ 为最大值一半处的一半宽度的尺度参数，x_0 为定义分布峰值位置的位置参数。标准柯西分布可表示 $C(0,1)$，其期望值不存在，方差值为无限大。柯西变异的扰动范围较大，有着良好的全局探索能力。

为了综合高斯变异以及柯西变异的优点，本书将 t 分布变异引入粒子群优化算法中，又称 student 分布，即学生分布，其概率密度函数表达式为：

$$p_t(x) = \frac{\Gamma\left(\frac{n+1}{2}\right)}{\sqrt{n\pi}\,\Gamma\left(\frac{n}{2}\right)} \left(1 + \frac{x^2}{n}\right)^{-\frac{n+1}{2}} \quad -\infty < x < \infty \tag{5.5}$$

其中 n 为自由度，当自由度较小时，函数较为平坦，中间值较低，两端值翘得较高，当自由度较大时，函数较为陡峭，中间值较高，两端值较低。当自由度 $n=1$ 时，t 分布即为柯西分布；当 n 趋向于无穷时，t 分布即为高斯分布。可见，高斯分布和柯西分布是 t 分布的两个边缘例子，t 分布结合了高斯分布以及柯西分布的特点，通过选择合适的自由度值，则可以平衡两者之间的关系，增强粒子群算法的性能。图 5.2 为高斯分布、柯西分布与 t 分布的曲线对比图。

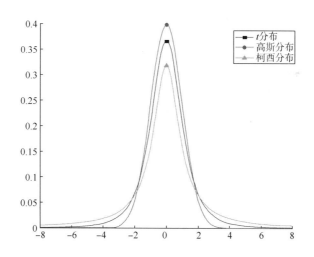

图 5.2　高斯分布、柯西分布与 t 分布

t 分布变异的性能与其自由度有一定的联系，在粒子群算法的搜索前期，t 算子的变异尺度应相对较大，这样能够使粒子在更为广阔的区域进行搜索寻优，当寻优进入后期时，变异尺度应该相对较小，避免损失掉大量已找到的有效信息，因此将自适应加入 t 分布变异是很有必要的。

本书使用粒子群算法的迭代次数作为自适应 t 分布自由度的影响参数。迭代前期自由度较小，t 分布接近于柯西分布，具有良好的全局开发能力，提高了种群多样性；迭代的中期，t 分布介于柯西分布与高斯分布之间，平衡了全局探索与局部挖掘的能力；迭代后期自由度较大，t 分布接近于高斯分布，产生相对较小的扰动。在粒子种群中以一定的概率选中部分粒子执行自适应 t 分布变异操作，其数学表达式为：

$$x'_i = x_i + x_i \times t(n) \tag{5.6}$$

式中：x'_i——变异后的粒子位置；

x_i——该粒子原本所处的位置；

n——粒子群算法当前的迭代次数；

$t(n)$——以迭代次数为自由度的 t 分布函数，通过迭代的过程中不断地改变自由度以达到自适应改变变异幅度的作用。自适应 t 分布变异使得粒子群种群多样性提升，粒子有机会跳出局部极值，寻得全局最优解，提升了算法性能。

5.4.4 路基沉降预测实例分析

5.4.4.1 预测模型设计

由于路基沉降的变化趋势是非线性的，随着时间的推进，这些数据之间存在着某种数学联系并反映了路基沉降的内在规律。因此，本书在路基沉降监测数据序列中，选前 m 个数据作为 BP 神经网络的输入，第 $m+1$ 个数据作为输出，依次进行，其数据形式见表 5.9。

BP 神经网络中沉降数据形式　　表 5.9

序号	输入				输出
1	x_1	x_2	x_3 $\cdots$	x_m	x_{m+1}
2	x_2	x_3	x_4 $\cdots$	x_{m+1}	x_{m+2}
3	x_3	x_4	x_5 $\cdots$	x_{m+1}	x_{m+3}
$\cdots$			$\cdots$		$\cdots$
n-m	x_{n-m}	x_{n-m+1}	x_{n-m+2} $\cdots$	x_{n-1}	x_n

注：x_t 表示时间为 t 时的路基沉降实测数据，$t=1,2,\cdots,m$；n 表示沉降监测总期数；m 表示输入神经元的个数，以 $m+1$ 个数据为一组进行训练，本书将 m 选取为 4。

BP 神经网络模型结构为 4-10-1。

对输入及输出数据进行归一化预处理工作，使其值介于 [−1,1] 之间，归一化预处理使用到的函数为 Matlab 中的 mapminmax 函数，其数学表达式为：

$$Y = \frac{2(x - x_{\min})}{x_{\max} - x_{\min}} - 1 \tag{5.7}$$

式中：x——原始路基沉降数据；

$x_{\max}$——沉降最大值；

$x_{\min}$——沉降最小值；

Y——归一化之后的沉降数据，可用于网络训练及预测中。

5.4.4.2 预测仿真

本书使用依托工程试验工程的路基沉降监测数据进行 Matlab 仿真试验，分别使用 BP 神经网络、自适应 t 分布变异粒子群 BP 神经网络（TPSO-BP）两种模型进行预测，并与实测路基沉降值进行对比，预测结果如图 5.3 所示。

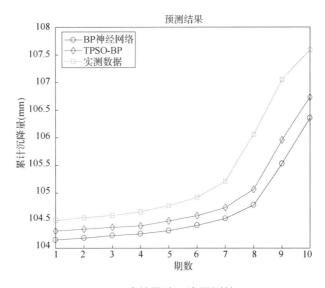

图 5.3 路基累计沉降预测结果

详细的路基沉降实测值、模型预测结果以及预测绝对误差见表 5.10。

路基沉降预测结果及误差 表 5.10

期数	实测值（mm）	BP 神经网络预测值（mm）	BP 神经网络预测误差（mm）	TPSO-BP预测值（mm）	TPSO-BP预测误差（mm）
1	104.50	104.149	-0.351	104.310	-0.182
2	104.55	104.182	-0.368	104.343	-0.198
3	104.59	104.227	-0.363	104.377	-0.204
4	104.66	104.258	-0.363	104.402	-0.247

续上表

期数	实测值（mm）	BP神经网络预测值（mm）	BP神经网络预测误差（mm）	TPSO-BP预测值（mm）	TPSO-BP预测误差（mm）
5	104.77	104.316	−0.454	104.493	−0.264
6	104.92	104.412	−0.508	104.588	−0.316
7	105.21	104.536	−0.674	104.736	−0.451
8	106.06	104.782	−1.278	105.065	−0.938
9	107.05	105.528	−1.522	106.960	−1.018
10	107.59	106.356	−1.234	106.732	−0.798

5.4.4.3 试验分析及结论

从结果中可以看出，其中最大误差为1.522mm，TPSO-BP模型表现更为优秀，最大误差仅为1.090mm。使用平均绝对误差MAE对各模型的预测精度进行评判，其数学表达式如下：

$$\text{MAE} = \frac{1}{M}\sum_{i=1}^{M}|\hat{y}_i - y_i| \tag{5.8}$$

可见，使用粒子群算法为BP神经网络寻得最优权值阈值可以提升其预测能力，实验结果验证了其应用于沉降预测领域的可靠性和优势。

5.5 本章小结

本章提出了各等级公路高路堤监测等级、监测内容、监测断面、监测精度和频率及监测预警值，给出了路基稳定性评价方法。主要得出的结论如下：

（1）高填方路堤监测设计首先确定监测等级和不同监测阶段的要求，然后结合监测对象特点确定具体监测内容。监测断面和监测点根据公路高路堤的监测等级、路段长度、地质地形特征、潜在滑动面特征和视通条件设置，监测精度考虑高路堤变形特点、不同监测指标、不同工程阶段确定。

（2）当利用多种方法评估路基稳定性时，应根据各种方法评估结果综合判断路基稳定性。不同的稳定性评估方法从不同的方面反映路基内部的应力应变特征，如表观变化一般在路基或地基内部应力、变形积累到一定程度后才会在表观表现出较明显裂缝等变形迹象，所以表观法在评估路基稳定性时一般作为辅助手段，但不应作为唯一手段，以免延误预报时机。拐点法与趋势线法一般情况下需要较长时间的观测数据才能进行符合实际的判断。预警值的确定,往往建立在已有监测项目的经验总结基础之上,当遇到超出已有经验的工程地质和环境条件时,预警值法也可能出现偏差,因此,路基稳定性评估,需要采用不同的方法进行综合判断。

(3)BP 神经网络的预测效果欠佳,误差相对较大,其中最大误差为 1.522mm,TPSO-BP 模型表现更为优秀,最大误差为 1.090mm。可使用平均绝对误差 MAE 对各模型的预测精度进行评判,其数学表达式如下:

$$\mathrm{MAE} = \frac{1}{M}\sum_{i=1}^{M}|\hat{y}_i - y_i|$$

(4)BP 神经网络模型的预测 MAE 值为 0.716mm,自适应 t 分布变异粒子群 BP 神经网络模型的预测 MAE 为 0.489mm。可见,使用粒子群算法为 BP 神经网络寻得最优权值阈值可以提升其预测能力。由试验结果可以看出,改进的 TPSO-BP 模型相比单一的 BP 神经网络模型的预测效果有较大的提升。

参考文献

[1] 孙韬. 土石混合填料的力学特性及其高填路基的变形与稳定性分析[D]. 成都:西南交通大学,2020.

[2] 王钗承. 高填方路堤强夯法施工数值模拟及力学分析[D]. 重庆:重庆交通大学,2019.

[3] 罗欢. 高海拔寒区土石混填高路堤沉降控制技术研究[D]. 重庆:重庆交通大学,2018.

[4] 中华人民共和国交通运输部. 公路路基施工技术规范:JTG/T 3610—2019[S]. 北京:人民交通出版社股份有限公司,2019.

[5] 王金学. 多道瞬态瑞雷波在土石混填路基强夯施工中的应用[J]. 公路,2009(2):74-76.

[6] 邓东升. 山区土石混填高路堤路基沉降特性研究[J]. 公路与汽运,2009(5):80-82.

[7] 中华人民共和国交通运输部. 公路土工试验规程:JTG 3430—2020[S]. 北京:人民交通出版社股份有限公司 2020.

[8] 中华人民共和国交通运输部. 公路路基设计规范:JTG D30—2015[S]. 北京:人民交通出版社股份有限公司,2015.

[9] 马润前,刘丽萍,王胜利. 土石混合料的工程分类及其应用[J]. 水利与建筑工程学报,2009,7(1):80-82.

[10] 刘丽萍,折学森. 土石混合料压实特性试验研究[J]. 岩石力学与工程学报,2006(1):206-210.

[11] 陶庆东,何兆益,贾颖. 土石混合体路基填料分形特性与压实破碎特征试验研究[J]. 中外公路,2020,40(2):243-248

[12] 刘永红. 土石混合料压实特性室内试验研究[J]. 公路与汽运,2010(5):79-81.

[13] 赵炼恒,李亮,何长明,等. 土石混填路堤强夯加固范围研究[J]. 中国公路学报,2008,21(1):12-18.

[14] 张卫兵. 黄土高填方路堤沉降变形规律与计算方法的研究[D]. 西安:长安大学,2007.

[15] 谭德柱,张留俊,李炜,等. 山区高填路堤强夯快速施工效果研究[J]. 路基工程,2021(3):

115-121.

[16] 王慧敏,罗忠行,肖映城,等.基于GNSS技术的高速公路边坡自动化监测系统[J].中国地质灾害与防治学报,2020,31(6):60-68.

[17] 成枢,朱玉明,牛英杰,等.三维激光扫描技术在高速公路沉降监测中的应用[J].矿山测量,2020,48(3):20-23,40.

[18] 侯公羽,李子祥,胡涛,等.基于分布式光纤应变传感技术的隧道沉降监测研究[J].岩土力学,2020,41(9):3148-3158.

[19] 凌建明,张玉,满立,等.公路边坡智能化监测体系研究进展[J].中南大学学报(自然科学版),2021,52(7):2118-2136.

[20] 王念秦,申辉辉,鲁兴生.边坡变形监测技术发展现状及问题对策[J].科学技术与工程,2021,21(19):7845-7855.

[21] 李晓恩,周亮,苏奋振,等.InSAR技术在滑坡灾害中的应用研究进展[J].遥感学报,2021,25(2):614-629.

[22] 韩军强,黄观武,黄观文,等.多种监测手段在滑坡变形中的组合应用[J].测绘科学,2019,44(11):116-122.

[23] 中华人民共和国住房和城乡建设部,国家市场监督管理总局.建筑基坑工程监测技术标准:GB 50497—2019[S].北京:中国计划出版社,2019.

[24] 中华人民共和国住房和城乡建设部,国家市场监督管理总局.软土地基路基监控标准:GB/T 51275—2017[S].北京:中国计划出版社,2017.

[25] 中华人民共和国住房和城乡建设部,中华人民共和国国家质量监督检验检疫总局.城市轨道交通工程监测技术规范:GB 50911—2013[S].北京:中国建筑工业出版社,2013.

[26] 中华人民共和国住房和城乡建设部,中华人民共和国国家质量监督检验检疫总局.煤炭工业露天矿边坡工程监测规范:GB 51214—2017[S].北京:中国计划出版社,2017.

[27] 中华人民共和国交通运输部.公路软土地基路堤设计与施工技术细则:JTG/T D31-02—2013[S].北京:人民交通出版社,2013